MARCO POLO

EMILIA-ROMAGNA

BOLOGNA, PARMA, RAVENNA

Reisen mit **Insider Tipps**

DEUTSCHLAND
FRANKREICH
SCHWEIZ
ÖSTERREICH
SK
UNGARN
Emilia-Romagna
SLOWENIEN
Genua
Bologna
KROATIEN
Marseille
AND
MC
SAN MARINO
BOSNIEN HERZEG.
SPANIEN
Korsika (F)
Rom
SERBIEN
Mallorca (E)
Sardinien
Ischia
ITALIEN
Bari
MNE KSV
MAK.
ALBANIEN
GRIECHEN-LAND
Mittelmeer

> Das ist eine Region von hoher Lebensqualität und mit einem Potenzial, das die Italienreisenden noch lange nicht ausgeschöpft haben.
> *MARCO POLO Autorin*
> *Bettina Dürr*
> (siehe S. 123)

Spezielle News, Lesermeinungen und Angebote zur Emilia-Romagna:
www.marcopolo.de/emiliaromagna

EMILIA-ROMAGNA

> SYMBOLE

MARCO POLO INSIDER-TIPPS
Von unserer Autorin für Sie entdeckt

★ **MARCO POLO HIGHLIGHTS**
Alles, was Sie in der Emilia-Romagna kennen sollten

☼ **SCHÖNE AUSSICHT**

📶 **WLAN-HOTSPOT**

▶▶ **HIER TRIFFT SICH DIE SZENE**

> PREISKATEGORIEN

HOTELS
€€€ über 150 Euro
€€ 90–150 Euro
€ unter 90 Euro
Preise für ein Doppelzimmer mit Frühstück

RESTAURANTS
€€€ ab 18 (12) Euro
€€ 10–18 (8–12) Euro
€ bis 10 (8) Euro
Preise für ein Hauptgericht bzw. (in Klammern) für ein *primo* ohne Beilagen (*contorni*, ab 3 Euro) und Gedeckpreis (ab 2 Euro)

> KARTEN

[114 A1] Seitenzahlen und Koordinaten für den Reiseatlas Emilia-Romagna

Karten zu Bologna, Ferrara, Parma und Ravenna finden Sie im hinteren Umschlag

Zu Ihrer Orientierung sind auch die Orte mit Koordinaten versehen, die nicht im Reiseatlas eingetragen sind

INHALT

> SZENE

S. 12–15•: Trends, Entdeckungen, Hotspots! Was wann wo in der Emilia-Romagna los ist, verrät der MARCO POLO Szeneautor vor Ort

> 24 STUNDEN

S. 94/95: Action pur und einmalige Erlebnisse in 24 Stunden! MARCO POLO hat für Sie einen außergewöhnlichen Tag rund um Bologna zusammengestellt

> LOW BUDGET

Viel erleben für wenig Geld! Wo Sie zu kleinen Preisen etwas Besonderes genießen und tolle Schnäppchen machen können:

Gratiskonzerte in Parmas Casa della Musica S. 39 | Reggios Currywurst ist eine Gemüsetorte S. 48 | Bolognas Aperitifbuffets: Häppchen = Schnäppchen S. 60 | Der zweite Tag ist umsonst: Spaßbäder und Vergnügungsparks an der Adria S. 72 | Ganz Ferrara für 8,50 Euro S. 86

> GUT ZU WISSEN

Was war wann? S. 10 | Blogs & Podcasts S. 18 | Bücher & Filme S. 20 | Spezialitäten S. 26 | Musikstadt Bologna S. 62 | Siegeszug der Fayence S. 75 | Reiseziel fürs ganze Jahr S. 84

AUF DEM TITEL
Spilamberto: Burgendorf in den Apenninhügeln S. 53 Gedichte in der Kathedrale S. 15

ENTDECKEN SIE DIE EMILIA-ROMAGNA!

Unsere Top 15 führen Sie an die traumhaftesten Orte und zu den spannendsten Sehenswürdigkeiten

Die Highlights sind in der Karte auf dem hinteren Umschlag eingetragen

 Feste dell'Unità
Eine ungebrochene Tradition aus den Zeiten politischen Engagements in der roten Emilia, heute mit Gaumenfreuden und Ohrenschmaus (Seite 23)

 Battistero
Zauberhafte Steinskulpturen und Fresken in Parmas mittelalterlicher Domanlage (Seite 33)

 Val di Trebbia
Bei Piacenza liegt eines der schönsten Täler im Apennin (Seite 43)

 Duomo
Die romanische Kathedrale von Modena mit ihrem reichen Steinmetz-dekor ist Pilgerziel der Kunstfreunde (Seite 47)

 Piazza dei Martiri
Cappuccino trinken vor den Arkaden von Carpis Piazza: Inbegriff italienischen Piazzaflairs (Seite 50)

 Hall of Fame
In der Ferrari-Stadt Maranello liegt das Pilgerziel aller Formel-1-Fans (Seite 51)

 Compianto del Cristo morto
Die Beweinung Christi in Bolognas Kirche Santa Maria della Vita ist ein Höhepunkt emilianischer Terrakotta-kunst (Seite 62)

 Santo Stefano
Ein architektonisches Kuriosum sind diese sieben ineinander verschachtelten Kirchen in Bologna (Seite 63)

> DIE BESTEN MARCO POLO HIGHLIGHTS

 Dozza
Im Dörfchen in den Apenninhügeln genießt man die bemalten Fassaden und die besten Weine der Region (Seite 66)

Tempio Malatestiano
Der Malatesta-Tempel in Rimini ist auch heute noch ein Vorbild für Architekten (Seite 70)

 Brisighella
Das Städtchen macht sich einen Namen mit gutem Essen, netter Altstadt und beliebten Festen (Seite 74)

Palazzo dei Diamanti
Der ungewöhnliche Palast in der herrlichen Renaissancestadt Ferrara (Seite 80)

 Mosaikkunst
Ein kultureller Schnittpunkt zwischen Abend- und Morgenland: die farbigen Mosaiken aus byzantinischer Zeit in Ravennas mittelalterlichen Kirchen (Seite 84)

Fitness & Wellness
Die Adriaküste der Emilia-Romagna ist das Kalifornien Italiens; in den Strandbädern ist Fitness mit allen erdenklichen Geräten der Hit, und in der Strandmetropole Rimini gibt es sogar alljährlich ein Wellnessfestival (Seite 97)

 Mirabilandia bei Savio
Der Erlebnispark schlechthin an der Adria. Man kommt kaum zum Atemholen! (Seite 103)

WAS FÜR EINE REGION!

Bologna, Basilika

AUFTAKT

> Die Emilia-Romagna zählt zu den am meisten unterschätzten Ferien-
regionen Italiens. Dabei gibt es hier die besten Schinken, den aroma-
tischsten Käse, den edelsten Essig. Mit der ältesten Universität Europas
ist Bologna heute noch unter jungen Leuten *die* angesagte Stadt Italiens.
Hier werden Traumautos gebaut wie Ferrari und Lamborghini. Städte wie
Parma und Modena, Ferrara mit seinen Renaissancepalazzi und Ravenna
mit seiner Mosaikpracht zählen zu den Highlights ganz Italiens. Hinzu
kommt eine lebendige Kultur auf hochkarätigen Festivals. Und zum
Sundowner geht es an den Strand von Rimini & Co.

> Hier stoßen krasse und sehr spannende Gegensätze aufeinander: Auf der einen Seite hat sich die Adriaküste der Emilia-Romagna zur größten Sommer-Strand-Spaß-Industrie Europas entwickelt. Auf der anderen Seite finden Sie hier gleich drei sagenhafte Höhepunkte menschlichen Kunstschaffens, die von der Unesco zum Weltkulturerbe gezählt werden: der mittelalterliche Dom von Modena, die Renaissancestadt Ferrara und die Mosaikpracht in den Kirchen Ravennas.

Und dann all die Schinken und Käse, die vom emilianischen Schlaraffenhimmel baumeln! Oder wie wärs mit einer saftigen Scheibe Wassermelone an einem heißen Sommertag? Etwa in einer Melonenbude im Stadtpark oder an der Landstraße bei einem Melonenfeld. Eine köstliche Erfrischung nach einem Opernabend im festlichen Teatro Regio von Parma, nach einem Orgelkonzert unter den 1500 Jahre alten Mosaiken in der Kirche San Vitale von Ravenna oder nach einer Jazzsession am Strand von Cervia. Das ist es, was die Emilia-Romagna ausmacht, dieses Beieinander von deftigen Genüssen und künstlerisch anspruchsvollen Darbietungen.

Aber auch das gehört dazu: In Maranello werden in den Ferrari-Werkstätten mit die schnellsten Autos der Welt gebaut, und zugleich radelt man gemächlich durch die alten, ver-

> Kein Strand der anonymen Hotelketten

kehrsberuhigten Stadtkerne, flaniert unter den Arkaden, sitzt plaudernd beim Aperitif auf der Piazza.

Fast 4 Mio. Menschen leben auf rund 22 000 km² in der Emilia-Romagna, das sind etwa 13 Prozent der Fläche Italiens. Was die Leute hier auszeich-

Sonnenbrille und *telefonino* sind in der Emilia-Romagna – wie in ganz Italien – unverzichtbare Accessoires, um *bella figura* zu machen: Straßenszene in Parma

net, ist ihre Freude an Geselligkeit. Wie sonst lassen sich die unzähligen Feste in Dörfern und Städtchen erklären, die zwischen Juni und September die Abende beleben, allen voran die beliebten gastronomischen *sagre,* die einer lokalen Spezialität gewidmet sind. Dank der Lust am Beisammensein hat sich auch die Tourismusindustrie an der romagnolischen Adria entwickeln können.

Angefangen hat es 1843 mit der Eröffnung der ersten Badeanstalt in Rimini. Die Fünfzigerjahre des 20. Jhs. brachten dann den entscheidenden Anstoß. Vor allem die deutsche Nachkriegsgeneration wollte raus und wünschte sich wieder Kontakte mit den Nachbarvölkern. Der Zustrom hat bis heute nicht nachgelassen. Von den jährlich vielen Millionen Besuchern kommen nun aber immer mehr auch aus den Ländern Osteuropas und aus Russland.

Die Adria ist kein Strand der anonymen Hotelketten, hier dominieren familiär geführte Ferienpensionen oder -wohnungen. Mit den legendären Diskotheken, den spektakulären Freizeitparks und Spaßbädern, unzähligen Sportangeboten, Strandpartys und Musikfestivals gelingt es immer wieder, neue Generationen in Bann zu schlagen, neue Trends aufzuspüren.

Wer sich aber auf eine Reise fernab der Strände einlässt, der wird überrascht entdecken, wie vielfältig dieser auf den ersten Blick eintönige Landstrich ist. Der Po und seine wei-

> **Stattliche Burgen, mittelalterliche Dörfer und Kirchen**

te Ebene durchziehen die Region von West nach Ost ans Meer. Im Mittelalter begannen die großen Abteien mit der Trockenlegung des Sumpflands, später waren es die Renaissancefürsten, die Schleusen und Pumpwerke bauen ließen. In der zweiten Hälfte des 19. Jhs. zogen Scharen von Tagelöhnern mit Schaufeln und Karren durch die Ebene und schütteten Deiche auf. Noch bis in die Siebzigerjahre betrieb man Landgewinnung zur landwirtschaftlichen Nutzung in der weiten Mündungslandschaft des Pos. Heute versucht man die letzten Feuchtgebiete im Delta zu schützen und einem sanften Naturtourismus zugänglich zu machen, auf Hausbooten, mit dem Fahrrad oder auf dem Rücken von Camarguepferden.

Aber die Emilia-Romagna besteht nur zur Hälfte aus Flachland, 52 Pro-

WAS WAR WANN?

2. Jh. v. Chr. Beginn der römischen Kolonisierung. 187 v. Chr. Bau der Verkehrsstraße Via Emilia

5. Jh. n. Chr. Ravenna wird Hauptstadt des Weströmischen Reichs. Prachtvolle Kirchen entstehen

9.–13. Jh. Herausbildung freier Stadtkommunen. 1088 Gründung der Universität in Bologna

14.–15. Jh. Die Wehrburgen mächtiger Familien entwickeln sich zu glanzvollen Renaissancehöfen

16. Jh. Konsolidierung des Kirchenstaats in der Romagna, in Bologna und Ferrara

1843 Eröffnung der ersten Badeanstalt in Rimini

1861 Italien wird eine Nation

1872–1920 Verarmung der Landbevölkerung, Entstehung sozialistischer Bewegungen

1922 Die „rote" Emilia-Romagna wird mit Benito Mussolini aus Forlì zur Hochburg der Faschisten

1980 Eine Bombe rechter Terroristen auf dem Bahnhof von Bologna kostet 84 Menschenleben

1990 Der PCI (Partito Comunista Italiano), der in der Emilia-Romagna eine treue Basis hat, sagt sich vom Kommunismus los und nennt sich PDS (Partito Democratico della Sinistra)

2004 Der Wirtschaftsskandal um den Molkereiriesen Parmalat aus Parma erschüttert die internationalen Finanzmärkte

2007 Modena und die Welt trauern um den am 6. September gestorbenen Jahrhunderttenor Luciano Pavarotti

zent gehören zum Apennin, dem Gebirgszug, der ganz Italien durchzieht. Mit seinen dicht bewaldeten Hügeln und Flusstälern, seinen Erosionsfalten und kahlen Gipfeln, von denen der Monte Cimone immerhin 2165 m hoch ist, eignet sich der Apennin zum Wandern und Skifahren; markierte Wanderwege, Mountainbikerouten und Skipisten gibt es reichlich. Auf Ausflügen in diese Mittelgebirgslandschaft entdeckt man stattliche Burgen, uralte Kirchlein und mittelalterliche Dörfer, versteckt in Kastanienwäldern oder hoch oben auf Bergkämmen.

Eigentlich sind es ja zwei Gebiete, die Emilia und die Romagna, die erst 1861 im Zuge der Nationalstaatsbildung Italiens zu einer Region zusammengefasst wurden. Über Jahrhunderte war man getrennte Wege gegangen: Die Romagna längs der Küste und ihr Hinterland hatten unter byzantinischem Einfluss gestanden, was sich heute noch bemerkbar macht, etwa darin, dass man hier gerne Schaffleisch und Schafskäse isst und in der Küche das Olivenöl dominiert, während man in der Emilia seit jeher Schwein bevorzugt und mit Butter und Sahne kocht. In der in kleine Herzogtümer aufgeteilten Romagna blieb man eher unter sich, während die offene Emilia als zentrales Durchgangsland immer wieder das Interesse der Großen wie des Kirchenstaats, der Habsburger und der Bourbonen auf sich zog. Das verbindende Element ist die alte Römerstraße, der die Region ihren Namen und ihre Städte verdankt: die Via Emilia, 187 v. Chr. von Konsul Marcus Aemilius Lepidus angelegt, um die Adria mit dem Nordwesten zu

> *Edle Geschäfte, duftende Cafés und elegante Plätze*

verbinden. An ihr entstanden in Abständen von rund 20 km berühmte Städte: Piacenza, Fidenza, Parma,

saikgeschmückten Kirchen. Bologna bekam seine historische Chance mit der Entwicklung einer bedeutenden Universität im 11. Jh., als Jurastudenten und Rechtsgelehrte aus allen Ländern in die Stadt kamen; auf diese Zeit geht die labyrinthische Altstadt Bolognas mit ihren endlosen Arkaden zurück. Im 15. und 16. Jh. drückten Fürstenfamilien mit ihren

Eine Shoppingpassage aus dem 15. Jh.: die Loggia dei Merciai an Ferraras Kathedrale

Reggio Emilia, Modena, Bologna, Imola, Forlì, Cesena, Rimini.

Ravenna hatte seine Glanzzeit im 5. und 6. Jh., als die Stadt nach dem Zusammenbruch des Römischen Imperiums mit dem Gotenkönig Theoderich und dem byzantinischen Kaiser Justinian zum alternativen Machtzentrum zu Rom wurde. Aus dieser Zeit stammen die wunderbaren mo-

anspruchsvollen Renaissancehöfen Städten wie Ferrara ihren Stempel auf, aber auch kleineren Zentren wie Correggio, Carpi, Gualtieri.

Das alles lädt zu einer Fahrt ins Land und über die Dörfer ein sowie in die wohlhabenden Städte mit ihren schönen Altstadtkernen voller edler Geschäfte, duftender Cafés und eleganter Plätze.

▶▶ WAS IST ANGESAGT?

Trends, Entdeckungen und Hotspots! Unser Szene-Scout zeigt Ihnen, was in der Emilia-Romagna los ist

Elke Weiler

Die freie Reisejournalistin ist in der Welt unterwegs und in Düsseldorf zu Hause. Der Emilia-Romagna jedoch gehört ihr Herz. Um sich vom Alltagsstress zu erholen, jettet unser Szene-Scout *(www.travel-mag.de)* regelmäßig nach Italien, um das Dolce Vita zu erleben. Bei gutem Essen, sportlichen Aktivitäten oder auf Jazzkonzerten erkundet sie die neuesten Trends.

▶▶ WASSERGLEITER

Auf die sanfte Tour

Naturbegeisterte Actionfans steigen gerne in Kanus oder Kajaks. Besonders beliebt sind die ruhigen Wassergleiter im Podelta. Denn neben der sportlichen Aktivität steht die Beobachtung der Natur im Vordergrund. Auch auf der meist ruhigen Adria erfreuen sich Kajak und Kanu immer größerer Beliebtheit. Verleih, Kurse und Routen bietet z. B. der *Club Canoa Kayak Cervia (Via Jelenia Gora 14, Cervia)*, Infos und Kurse der *Canoa Club Rimini (Via Flaminia 28, Rimini, www.kayak-rimini.com)*. Selbst in Bologna wird gepaddelt, was das Zeug hält – vorzugsweise auf dem Fluss Reno *(A. S. D. Canoa Club Bologna, Via Venezia 1, Casalecchio di Reno Bologna, www.canoaclubbologna.it)*.

SZENE

▶▶ SONNTAGSTREFFEN

Trendlocations

Wer hip ist, trifft sich zur Break-fast-Lunch-Kombi *all'italiana*. Am Wochenende erst mal richtig ausschlafen und dann den späten Sonntagmorgen mit einer ausgiebigen Schlemmerei beginnen – z. B im *Bravo Caffè (Via Mascarella 1, www.bravocaffe.it)*. Der angesagte Laden in Bologna ist gleichzeitig Restaurant, Bistro und Musikclub. Brunch gibts jeden Sonntag von 13 bis 15.30 Uhr mit Unmengen von *dolci*! Cool und chic kommt die *American Bar Colibri (Barilla Center, Largo P. Calamandrei 11, www.grandhoteldelaville.it,* Foto) des *Grand Hotel de la Ville* in Parma daher. Hier wurde eine ehemalige Nudelfabrik luxuriös vom Stararchitekten Renzo Piano umgestylt. Super Brunch mit Industriecharme.

▶▶ KREATIVITÄT & ENGAGEMENT

Do it yourself!

Kunst als Hobby ist in. Seit Neuestem leben die Locals ihre kreative Ader voll aus. Aus diesem Grund freuen sich auch die Kunstschulen über einen regen Zulauf. In der Mosaikstadt Ravenna dreht sich alles um die kleinen Steinchen. Genug Inspiration gibts in den Kirchen vor Ort.

Danach gehts ab in die *Mosaic Art School (Via Francesco Negri 14, www.sira.it/mosaic/studio.htm,* Foto). In Bologna haben sich die Künstler dem Erhalt des Kunsthandwerks verschrieben. Holzschnitz-, Zierglas- oder Keramikkurse gibt es bei *Atanor – Mestieri d'Arte (Via T. Signorini 12 a, www.atanorofficina elementi.com).* Und in Rimini, der Stadt Fellinis, dürfen Film und Fotografie natürlich keine Fremdwörter sein: Daran arbeitet die offene Universität *Giulietta Masina e Federico Fellini (Via Gambalunga 74, www.uniaperta.it).*

▶▶ ENTSPANNUNG PUR

Qi Gong und Co. kommen in die Region

Neue Kraft tanken, den Fluss der Energie spüren – in der Emilia-Romagna entflieht man der Alltagshektik auf die asiatische Tour. Und zwar mit *dolce ginnastica* – wie Qi Gong auf Italienisch gern genannt wird. Fließende Bewegungen und bewusstes Atmen sollen gegen Stress und sogar gegen Krankheiten helfen. Ergebnis: eine entspannte Region! Angesagte Anlaufstellen für Qi Gong sind das *I. S. I. Istituto Shiatsu Integrato (Piazza Roosevelt 4, www.istitutoshiatsuintegrato.it)* in Bologna sowie das *ASIA dojo Modena (Via del Lancillotto 24, www.asiamodena.it)*.

▶▶ ÖKO? LOGISCH!

Mittendrin statt nur dabei

Immer mehr Bauernhöfe wollen das Ökobewusstsein der Bevölkerung stärken. Ihre Taktik liegt dabei im hautnahen Erleben. Von der Kuh zum Käse – in der *Azienda Agricola Angus (Tollarolo di Bedonia, www.carovane.com)* im Südwesten der Provinz Parma sieht man z. B., wie der heiß geliebte Parmigiano-Reggiano entsteht. In der Nähe von Forlì lernen Interessierte, was aus Korn entsteht *(Azienda Agricola La Vignaccia, Via delle Vigne 7, Località Villa Rovere)*. Wie aus Trauben *aceto balsamico* wird, erfährt man bei den *Fattorie VII Dicembre 1796 (Via Emilia Est 1771, Modena, www.verdeperi.it)*.

▶▶ LET'S JAZZ

Coole Clubs, heiße Sounds

Musik liegt in der Luft! In der Mitte Italiens liebt man Saxofon, Kontrabass und Co. Kaum eine Stadt ohne eigene Festivals und diverse coole Clubs, die aus dem Boden schießen. Beliebt ist der Jazzclub *Ferrara (Torrione San Giovanni, Via Rampari di Belfiore 167, Ferrara, www.jazzclubferrara.com)*. Hier lauschen Fans den Jazzklängen im restaurierten Renaissancegemäuer. Auch die Hauptstadt Bologna steht dem in nichts nach: Im *Chet Baker Live Jazz Club (Via Polese 7 a, www.chetbaker.it,* Foto) hört und fühlt sich das historische Zentrum wie Klein New York an.

▶▶ BLUMENSCHMAUS

Blüten und Kräuter auf den Tellern

Von Borretsch bis Brennnessel, Engelwurz bis Estragon – in den Kochtöpfen lautet das Motto: zurück zu Wald und Wiesen. Restaurants greifen den Trend auf und bringen die wilden Grünen auf den Tisch. Hier spielen Kräuter eine Hauptrolle: Kornblumensuppe, Rosen-*fagottini*, Mohntortellini – so klingt die Speisekarte des *Ristorante Fava (Via G. Cenni 70, Casola Valsenio, www.ristorantefava.it)*. Wenn der Tee nicht aus der Tüte, sondern aus dem Garten kommt, befindet man sich in Albarete. Die *Casa delle Erbe (Località Pieve di Campi, www.casadelleerbe.it)* zeigt die ganze Kunst ihrer Kräuterküche. Eigene Bioweine zu traditionellen und bewussten Gerichten tischt das *B & B Mulini Venturi (Via Mulini Venturi 1434 b, Saludecio, www.muliniventuri.it)* auf.

▶▶ POESIE-TRIP

Schöne Worte plus Ambiente

Literatur ist nicht nur etwas für stille Momente zu Hause. In der Region sucht man für die schönen Worte auch ansprechende Locations auf. Poesie auf der Piazza ziert jedes Jahr das Zentrum von Ravenna, wenn die Stadt den Geburtstag des großen Dichters Dante feiert. Das Festival ermöglicht die *Fondazione Cassa di Risparmio di Ravenna (Organisation: Laboratorio delle Idee, Bologna, www.dante09.it)*. Ob in der Kathedrale, im Palazzo oder in der Galerie – ganz Parma liebt im Sommer die Poesie *(Infos und Programm beim Infopoint Festival, Piazza Garibaldi, Parma, oder unter www.festivaldellapoesia.it, Foto)*. Schreibaktive, die gerne mal einen Haiku-Vers dichten, gehen ins japanische Restaurant *Haiku (Via Stalingrado 16, Bologna, www.haiku-restaurant.it)*. Bei speziellen lyrischen Abenden werden die besten Verse prämiert. Poesie schwebt auch durch die Räume der *Sala Borsa (Biblioteca Sala Borsa, Piazza Nettuno 3, Bologna, www.bibliotecasalaborsa.it)*, wenn Dichter dort ihre Werke vortragen.

ACETO BALSAMICO

Jeder kennt Balsamessig, doch meist nur den industriell hergestellten, der in den Regalen der Supermärkte steht. Den *aceto balsamico tradizionale* bekommt man nur für sehr viel Geld in Feinkostläden oder bei den Erzeugern selbst, in Modena oder Reggio Emilia. Was macht ihn so kostbar? Durch alljährliches aufwendiges Umfüllen in verschiedene Reifefäs-

ser verdunstet, reift und verdichtet sich das Aroma des Essigmosts über viele Jahre hinweg. Das hat seinen Preis: In 100-ml-Fläschchen mit dem Etikett *aceto balsamico tradizionale di Modena* oder *... di Reggio* wird er für 50–100 Euro angeboten. Ein Tröpfchen auf hellem Fleisch oder auf einem Stück Parmesan genügt allerdings schon. Von der edlen Essenz gibt es nur 10 000 l pro Jahr, gegenüber den 50 Mio. l des industriell

STICH WORTE

hergestellten Balsamessigs aus Weinessig, Zucker, Karamell, Aromastoffen und Konservierungsmitteln.

COOPERATIVA

Die Emilia-Romagna ist die Wiege des italienischen Sozialismus, denn im Gegensatz zu anderen, industrialisierten Ländern entstand der Sozialismus in Italien auf dem Land, in der intensiv beackerten, weiten Poebene, unter Tagelöhnern, Landarbeitern, Kleinbauern, Reispflückerinnen und Deichgräbern. Es begann mit dem Zusammenschluss der Arbeiter in Solidarvereinen – *Società di Mutuo Soccorso* – die Hilfe gewährten im Krankheitsfall, im Alter oder bei Kreditbedarf. Ein ganz besonderes Erbe aus diesen Anfangszeiten ist die *cooperativa,* die Genossenschaft, ein Versuch, die Trennung zwischen Arbeitskraft und Kapital aufzuheben.

Genossenschaften gelten als gemeinnützig und genießen erhebliche Steuervorteile, da sie kein Privatkapital und keine Dividenden anhäufen, sondern ihre Gewinne gleich wieder investieren. Kritik bleibt da nicht aus, wenn sie zu Wirtschaftskolossen mit Monopolstellung heranwachsen wie manche Baugenossenschaft oder die Supermarktketten Coop und Ipercoop. Als ideale Wirtschaftsform eignen sie sich heute etwa, um kleine Käseproduzenten oder Winzer zu organisieren oder um Alten- und Krankenbetreuung anzubieten. Jungen Leuten erleichtern sie den Berufseinstieg, z. B. in Form von Serviceagenturen in den Bereichen Tourismus, Sport und Umweltpflege.

DON CAMILLO UND PEPPONE

Diese beiden Gestalten aus dem 1948 veröffentlichten Schelmenroman von Giovanni Guareschi, der streitbare, listige Dorfpfarrer Don Camillo und der kommunistische Bürgermeister Peppone, aktiv in einer kleinen Gemeinde in der Poebene, gehören zu den Markenzeichen der Emilia. Weit über die Grenzen Italiens hinaus populär geworden durch die Verfilmung von 1952, hält die Begeisterung für die beiden nach wie vor an, wie die Besucherströme ins Museum des Dorfes Brescello zeigen.

ITALOROCK

Nehmen Sie sich den Sound der Emilia mit nach Hause, denn die besten Rocker Italiens kommen von hier: der raue Vasco Rossi aus Zocca bei Modena, der Rockbarde Ligabue aus Correggio und der Bluesrocker Zucchero aus Reggio Emilia. Alle drei sind nicht mehr ganz jung, aber seit Jahren immer wieder an der Spitze der italienischen Charts, alle drei Stadienfüller und auf den Sommerfesti-

> BLOGS & PODCASTS
Gute Tagebücher und Files im Internet

> www.reise-weblog.de – Informative Reisefeatures zur Emilia-Romagna.
> http://forum.tiamoitalia.de – Hier tauschen sich Italienreisende aus.
> http://download.br-online.de – Als Podcast kann man sich die nette kleine Sendung „Der kuriose Verdi-Club von Parma" herunterladen.
> www.schätze-der-welt.de – Der Südwestrundfunk bietet eine Reihe schöner Filmbeiträge zu den Unesco-

schätzen an, darunter in der Emilia-Romagna zu Ferrara, Modena und Ravenna.
> www.travelblog.org/Europe/Italy/Emilia-Romagna – Lebhafte Reiseblogsammlung auf Englisch, auch mit Berichten zur Emilia-Romagna.
> www.youtube.com – Unter dem Titel „Bologna is burning" kann man sich hier einige flippige Videos zu Bologna anschauen.

vals die größten Magneten. Und *die Rockband der Emilia* heißt Modena City Ramblers.

LISCIO

An der vergnügungssüchtigen Adriaküste mit ihren 140 glitzernden Diskotheken zwischen Volano und Cattolica wechseln die Tanztrends und Musikmoden von Saison zu Saison, ein Genre aber bleibt, der sogenannte *liscio.* Liscio heißt glatt, gleitend, und so sind auch Tanz und Musik: Bands spielen Walzer, Polka und Mazurka, und über die Tanzflächen schieben sich die Paare, viele – nicht nur ältere – schwungvoll und virtuos. Die Combos spielen im Sommer auf den Plätzen der Badeorte auf, in sogenannten *balere,* Tanzlokalen, und auf den *Feste dell'Unità.*

MOTOREN

Beim Anblick des Pferdchens von Ferrari, des Stiers von Lamborghini, des Dreizacks von Maserati schlagen die Herzen der Fans schöner, schneller Autos höher: Sie alle gehen auf das Ingenieursgenie von Autobastlern aus Modena bzw. Bologna zurück, seit Generationen ist ihre Faszination ungebrochen. Die werkseigenen Museen zeigen die schönsten Modelle, Ferrari in Maranello (s. dort) bei Modena, Lamborghini in Sant'Agata Bolognese *(Mo–Fr 10 bis 12 und 14.30–17 Uhr | Via Modena 12 | www.lamborghini.com)* bei Bologna und Maserati mit einem neuen Museum *(Eröffnung 2009 | Casa Ferrari, Via Paolo Ferrari)* in Modena. Auch Motorradfans kommen auf ihre Kosten, die Kultmarke Ducati hat ihren Sitz in Bologna: *Ducati Motor Holding | Führungen Mo bis Fr 11 und 16 Uhr | Via Ducati 3 | www.ducati.com*

Rot, rasant und röhrend: Kultobjekt in der Galleria Ferrari in Maranello

STARKE FRAUEN

Im Apennin von Reggio Emilia liegt die Burgruine von Canossa. Hier kam es 1077 durch Vermittlung der mächtigen Markgräfin Matilde von Canossa zur denkwürdigen Begegnung zwischen Papst Gregor VII. und dem deutschen Kaiser Heinrich IV. Heinrich hatte den Papst 1076 auf der Synode zu Worms absetzen lassen – als Reaktion auf das päpstliche Streben nach Unabhängigkeit von weltlicher, kaiserlicher Macht. Gregor hatte daraufhin über Heinrich den Kirchenbann verhängt, eine Pattsituation, die der Bußgang des Kaisers zum Papst in die winterkalte Burg von Matilde auflösen sollte. Nie ist die kluge Matilde in Vergessenheit geraten: Viele Mädchen in der Emilia werden nach wie vor auf ihren Namen getauft, und es gibt einen Preis, der ihren Namen trägt zur „Würdigung der Tatkraft der Frau". Überhaupt: Frauen gelten als stark in der Emilia, in keiner anderen Region Italiens sind so viele berufs-

tätig (80 Prozent). Und den ersten Lehrstuhl einer Wissenschaftlerin hatte die geniale Physikerin Laura Bassi (1711–1778) an der Universität von Bologna inne.

TERRAKOTTA-SKULPTUREN

Lebensgroße, lebensnahe Figurengruppen aus Terrakotta: Dieses eindrucksvolle Kunstgenre wurde im 16. Jh. regelrecht Mode. Die Emilia hat keine nennenswerten Gesteins-

> BÜCHER & FILME
Die Emilia-Romagna als literarisch-cineastischer Set

> **Gianni Celati** – Ein phantastischer Minimalismus zeichnet Celatis Roadskizzen „Landauswärts" und „Erzähler der Ebenen" aus, was zur melancholischen Stimmung der Poebene und des Deltas passt.

> **Valerio Varesi** – Von Varesis atmosphärisch dichten Krimis, die die dunklen Seiten von Parma zeigen, sind bisher „Der Nebelfluss", „Die Pension in der Via Saffi" und „Die Schatten von Montelupo" auf Deutsch erschienen.

> **Carlo Lucarelli** – Lucarelli hat unter den italienischen Krimiautoren Kultstatus – mit seinen Geschichten um Kommissar De Luca dringt er unter die satte Oberfläche Bolognas und der Emilia-Romagna. Viele Titel gibt es auch auf Deutsch.

> **Federico Fellini** – Unter den Großmeistern des italienischen Films wie Michelangelo Antonioni, Bernardo Bertolucci oder Mario Monicelli, die

alle die Poebene und die Adriaküste als Ambiente für ihre Filme liebten, ist Federico Fellini mit „Amarcord" (1973), seiner Hommage an Rimini, der bekannteste.

> **Die Gärten der Finzi-Contini** – Der eindrucksvolle Film (1971) von Vittorio De Sica nach dem gleichnamigen Roman von Giorgio Bassani spielt in der jüdischen Gemeinde Ferraras zur Zeit des Faschismus.

> **Quo Vadis, Baby** – Der jüngste Film (2005) von Oscarpreisträger Gabriele Salvatores, ein Thriller mit Schauplatz Bologna, lohnt allein schon wegen der Bilder von der Stadt (auf DVD, Italienisch mit englischen Untertiteln).

> **Entdecken, entspannen, genießen. Unterwegs im Apennin der Emilia-Romagna** – Diesen Film, der Lust auf den Apennin von Modena und Reggio Emilia macht, können Sie kostenlos bestellen bei: *touristinfo@aptser vizi.com*

vorkommen, Marmor war teuer – dafür finden sich im Apennin jede Menge Tonerdeschichten, das Bau- und Kunstmaterial der Emilia. Die schönsten Skulpturengruppen stehen in den Kirchen Modenas und Bolognas.

VERDI

Der Komponist Giuseppe Verdi, 1813 im Dorf Roncole bei Busseto in der Provinz Parma geboren, war auch ein Nationalheld. Sein Schaffen fiel in die bewegte Zeit des Risorgimento, des Kampfes gegen Fremdherrschaft und für eine selbstbestimmte Nation unter dem italienischen König. Das Melodrama war in Italien bei allen Schichten sehr populär. Durch Verdis Musik und seine Libretti fand man Gelegenheit, der Repression zum Trotz seinen patriotischen Gefühlen Ausdruck zu verleihen. So meinte man mit „Viva V.E.R.D.I.!" eigentlich den verbotenen Revolutionsaufruf „Viva Vittorio Emanuele, Re d'Italia!". 1842 wurde „Nabucco" an der Scala in Mailand uraufgeführt. Der Chorgesang der von den Babyloniern unterjochten Hebräer *Va pensiero sull'ali dorate* („Flieg, Gedanke, auf goldenen Schwingen") traf die Herzen, und tags darauf spielten ihn die Drehorgeln auf Gassen und Plätzen. Um ein Haar wäre dieses Lied des Gefangenenchors Italiens Nationalhymne geworden. Heute ist es auch als Werbejingle zu hören, wenn es gilt, italienische Produkte anzupreisen.

WIRTSCHAFT

1,8 Mio. Schweine werden alljährlich in den Ställen der Poebene um Parma

aufgezogen – für den berühmten Parmaschinken; 8 Mio. Parmaschinken reifen in den Hallen von Langhirano. Neben Käse, Schinken, Nudeln und Obstkonserven spielt auch Wein eine große Rolle. Die Emilia-Romagna

Viva Verdi ist das Motto in und um Busseto

steht mit einem Anteil von 15 Prozent an der italienischen Weinproduktion an der Spitze der Winzerregionen. Hinzu kommen der Containerhafen von Ravenna, hochtechnologisierte Feinmechanik in zahlreichen mittelständischen Betrieben, Strickwaren und berühmte Modemarken wie Max Mara oder La Perla mit edler Damenwäsche.

UND DIE NACHT LEUCHTET ROSA

Theater, Musik, Kunst und natürlich Schlemmerfeste:
kulturelle und leibliche Genüsse rund ums Jahr

■ GESETZLICHE FEIERTAGE ■

1. Jan. *Capodanno;* **6. Jan.** *Epifania;*
Ostermontag *Pasquetta;* **25. April** Be-
freiung vom Faschismus *(Liberazione);*
1. Mai *Festa del Lavoro;* **2. Juni** *Festa della Repubblica;* **15. Aug.** *Ferragosto;* **1. Nov.**
Ognissanti; **8. Dez.** *Immacolata Concezio-
ne;* **25. Dez.** *Natale;* **26. Dez.** *Santo Stefano*

■ FESTE UND VERANSTALTUNGEN ■

Januar
Treffpunkt der Kunstszene Ende Januar
ist die Bologneser Kunstmesse ►► *arte
fiera.* Schwerpunkt: junge italienische
Kunst. *www.artefiera.bolognafiere.it*

Februar/März
Berühmt sind die *Karnevalsumzüge* mit
aufwendigen Wagen und Maskengrup-
pen von Cento (Provinz Ferrara) und San
Giovanni in Persiceto (Provinz Bologna).

März–Mai
Crossroads: Konzertreihe italienischer und
internationaler Jazzgrößen quer durch

die Emilia-Romagna auf kleinen und
großen Bühnen. *www.crossroads-it.org*

Mai
Angelica: Festival experimenteller
Avantgardemusik in Bologna und
Umgebung in der zweiten Maihälfte.
www.aaa-angelica.com
Palio di San Giorgio: am Wochenende
nach dem 25. Mai Reiterwettspiele in
historischen Kostümen in Ferrara.

Juni–Oktober
Appennino Folk Festival: Tänze, Lieder,
Instrumente der Folktradition im emilia-
nisch-ligurischen Apennin oberhalb Piacenzas. *www.appenninofolkfestival.it*

Juni/Juli
⭐ *Ravenna Festival:* Konzerte und
Opern mit weltberühmten Dirigenten
und Musikern. *www.ravennafestival.org*

Juli
Santarcangelo dei Teatri: Alternative
Theatergruppen beleben den mittelal-

Aktuelle Events weltweit auf www.marcopolo.de/events

> EVENTS
FESTE & MEHR

terlichen Ortskern von Santarcangelo di Romagna in den ersten zehn Julitagen.
Feste Medievali: Das malerische Brisighella ist in den ersten beiden Wochen Kulisse von mittelalterlichen Spielen, Bänkelsängern und Schlemmertreffs.
Porretta Soul Festival: Im Thermalort Porretta im Apennin treffen sich in der ersten Julihälfte internationale Größen aus der Jazz-, Soul- und Gospelszene. *www.porrettasoul.com*
Die Eventnacht *Notte Rosa* vom ersten Julisamstag auf Sonntag leuchtet rosa, wenn in allen Badeorten der Romagna Konzerte, Schlemmertafeln, Partys, rosa Feuerwerke stattfinden.
Ravenna Jazz: Jazzkonzerte in der Burg *Rocca Brancaleone* in der letzten Woche.
Verucchio Festival: Konzertmix von mittelalterlichen Klängen bis zu World Music in Verucchio in den letzten beiden Juliwochen. *www.verucchiofestival.it*

August

⭐ *Busker's Festival:* In Ferrara füllen sich in der letzten Augustwoche die Plätze der Stadt mit Straßenmusikern und Bänkelsängern aus aller Welt.

September

⭐ *Feste dell'Unità in Bologna, Modena, Reggio Emilia:* Auf den riesigen traditionellen Festen der italienischen Linken trifft man sich nicht nur zur politischen Debatte, sondern heute vor allem zum Essen und Musikhören; es kommen die besten Gruppen der italienischen Rock- und Popszene.
▶▶ *Danza Urbana Festival* in der ersten Septemberhälfte in Bologna: Performances internationaler Streetdancer in Straßen, aufgelassenen Fabriken, Palazzi. *www.danzaurbana.it*
Traiettorie: spannende Konzertreihe neuer Musik im historischen Teatro Farnese in Parma. *www.traiettorie.it*

Oktober

Verdi-Festival: Den ganzen Oktober Opern im Namen von Giuseppe Verdi in Parma und Umgebung *www.teatro regioparma.org*

> DIE KÜCHE IST ÜPPIG UND RAFFINIERT ZUGLEICH

Durch die Emilia-Romagna verlaufen die Butter-Olivenöl- und die Schweine-Lammfleisch-Grenze

> **Aus der Emilia-Romagna kommen einige der berühmtesten kulinarischen Spezialitäten, mit denen Bella Italia identifiziert wird.**

Das fängt an mit dem Parmigiano-Reggiano, dem würzigen, körnigen Hartkäse – was als Parmesan außerhalb Italiens in Umlauf ist, ist oft nur ein Abklatsch –, den man gerieben über Nudelgerichte, heiße Suppen, Risotto, Kartoffelbrei oder in Butter geschwenktes Gemüse streut.

Parma ist das kulinarische Zentrum, einer der Gründe, weswegen die EU hier die europäische Nahrungskontrollbehörde angesiedelt hat. Und Pellegrino Artusi aus Forlimpopoli schrieb das Kochbuch der perfekten italienischen Küche; man kann diese auf der *Festa Artusiana (www.pellegrinoartusi.it)* in der letzten Juniwoche kennenlernen.

Der Parmaschinken mit seinem unvergleichlich mildsüßen Aroma

Bild: Salsamenteria Baratta in Busseto bei Parma

ESSEN & TRINKEN

passt wunderbar zu kühler Honigmelone oder frischen Feigen. Nicht nur der Parmaschinken stammt vom *divin porcello,* dem göttlichen Schwein, wie das Tier hier ehrfürchtig-liebevoll genannt wird, sondern auch würzige, eher weiche Salamisorten wie die aus Felino bei Parma, dann der Edelschinken *culatello* aus Zibello bei Parma, das luftgetrocknete Nackenstück *coppa,* die berühmte Mortadella aus Bologna, schließlich die *ciccioli,* ausgekochte und gepresste Griebenstückchen, ideal als Aperitifhappen. Zu Salami und Schinken isst man luftige, in Öl oder Schweinefett ausgebackene Teigteilchen, je nach Gegend *borlenghi, torta fritta* oder *gnocco fritto* genannt; im Raum Modena sind es die *tigelle,* runde, in Waffeleisen gebackene Teigfladen.

Das zweite große Thema der Küche der Emilia-Romagna sind die Pastagerichte. Besonders typisch sind die Bandnudeln *tagliatelle al ragù* mit würziger Fleisch- bzw. Schinkensauce, die nur im Ausland als *alla bolognese* bezeichnet wird. Täschchen aus Eierteig waren einst das Festtagsgericht zu Ostern und Weihnachten, heute haben sie ihren Stammplatz auf dem Tagesmenü der Restaurants und Trattorien. Auch hier hat wieder jede Stadt, jede Provinz eigene Namen, Formen und Füllungen. In Bologna sind die Tortellini ein regelrechtes Kulturheiligtum, ehrfürchtig als „Nabel der Venus" bezeichnet. Für die Füllung der Tortellini gibt es über 100 Rezepte. In

affettato misto – Aufschnittplatte mit Salami- und Schinkenspezialitäten, als Vorspeise mit *sottoli* bzw. *sottaceti,* in Öl und Essig eingelegtem Gemüse

bollito misto – Mix aus gekochtem Rind, Kochwurst *(cotechino),* Schweinefuß *(zampone),* Rinderzunge *(lingua).* Dazu die Kräutersauce *salsa verde*

erbazzone – Gemüsetorte aus Reggio Emilia

fritto misto alla bolognese – Teller mit frittierten Gemüse-, Obst- und Fleischstückchen, frittierten Zucchiniblüten, süßer Creme. Typische, wenn auch seltene Bologneser Spezialität

lasagne – Auflauf aus Nudelteig, Hack, Käse, Tomaten und Béchamelsauce

piadina – Markenzeichen der Romagna: flacher Teigfladen, den man mit Schinken, den Frischkäsesorten *stracchino* und *squacquarone,* ja selbst mit Nutella isst

straccetti di manzo – dünne Fetzen aus Rindfleisch, kurz angebraten und mit Balsamessig gewürzt, derzeit sehr angesagt

stracotto – deftiger Schmorbraten zum Maisbrei Polenta, je nach Gegend mit Zimt, Nelken, Wacholder gewürzt

strozzapreti – in der antiklerikalen Romagna heißen diese Nudelwürmchen „Pfaffenwürger"; meist werden sie mit Fleischsauce serviert

tagliatelle con ragù – Bandnudeln mit Fleischsauce, ein Klassiker aus Bologna

torta di riso – Blechkuchen aus Reis, Milch und Zimt

tortelli, cappellacci, tortelloni – größere Teigtaschen, die mit Frischkäse und Spinat bzw. Mangold oder aber süßlich mit Kürbis gefüllt sind (Foto)

tortellini, anolini, cappelletti – kleine Teigtaschen, meist mit Fleischfüllungen und in heißer Brühe serviert

zuppa di pesce – auch *brodetto* genannt, die Fischsuppe, die man entlang der Adriaküste findet

Parma heißen sie *tortelli* und sind mit Kartoffeln und Käse gefüllt, in Bologna *tortelloni* mit Ricotta- und Spinatfüllung, in Ferrara *cappellacci* mit Kürbisfüllung. In der Romagna steckt man in die Teigtaschen gern Schafs- oder Ziegenkäse, byzantinische Spuren aus einer weit zurückliegenden Vergangenheit. So findet man im Gegensatz zur auf Schwein und Rind fixierten Emilia in der Romagna auch Lamm und *castrato* (kastrierter Hammel) auf der Speisekarte.

An der Küste, aber nicht nur dort, ist natürlich Fisch angesagt, Spaghetti mit Meeresfrüchten, Fischsuppen und Fisch vom Grill oder frittiert, das sogenannte *fritto misto*. Im Winter gibt es im Podelta Aal, frittiert, gegrillt oder mariniert, und längs des Pos wird *storione in salsa verde* angeboten, Stör in grüner Kräutersauce.

Ein ganz besonderer Käse verdient noch Erwähnung, der würzige *formaggio di fossa,* der im Dorf Sogliano al Rubicone im Apennin in der Romagna von August bis November in schwefelhaltigen Gruben reift, die in den Tuffstein gegraben wurden. Bei den Desserts ist neben dem Schichtpudding *zuppa inglese* die *crostata* ein Klassiker, ein mit Pflaumen- oder Erdbeermus gedeckter Mürbeteigkuchen.

Während noch bis vor ein paar Jahren die enorme Weinproduktion in der Emilia-Romagna ein wenig skeptisch als Massenware abgestempelt wurde, haben in jüngerer Zeit mehrere DOC-Weine Anerkennung gefunden. Dazu gehören etwa die Weine von den *Colli Piacentini,* der moussierende rote *Gutturnio* und der *Bonarda,* aus Parma der *Malvasia,* die Weißweine der *Colli Bolognesi*

und in der Romagna der weiße *Albana di Romagna,* vor allem aber der rote *Sangiovese di Romagna.* Schließlich ist auch der *Lambrusco* nicht zu verachten: Seine moussierende, her-

Jedes achte Glas italienischen Weins wurde in der Emilia-Romagna gekeltert

be Frische nimmt der manchmal recht üppigen Küche die Schwere. Und selbst im Podelta wächst Wein: der rote und weiße *Bosco Eliceo.* Bei der Verdauung hilft der *Nocino,* ein Nusslikör aus Modena.

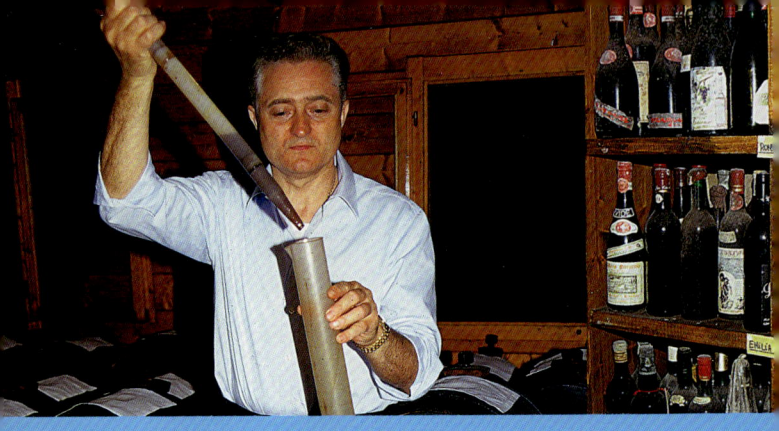

KÄSE, WURST UND SCHNÄPPCHEN

In den Schlemmer- und Modegeschäften haben Sie
die Qual der Wahl

> Natürlich denkt man bei Italiens Schlemmerregion schlechthin zunächst an Lebensmittel aller Art, wenn es um Einkäufe und Mitbringsel geht. Die Emilia-Romagna hat aber auch ganz besondere Handwerkskunst zu bieten.

DELIKATESSEN & WEIN

Wer in die Emilia-Romagna reist, sollte eine Kühltasche mitnehmen, z. B. für ein Stück Parmesan, den Sie direkt in einer Käserei, *caseificio* genannt, preiswerter bekommen. Trotz zahlreicher Nachahmer ist der Käse mit dem Qualitätszeichen *Parmigiano-Reggiano* in der Rinde der König unter den Käsesorten Italiens. Am schmackhaftesten ist er im Alter zwischen 20 und 24 Monaten. Auch Salami aus Felino oder eine *coppa* lässt sich problemlos konservieren. Aber vielleicht nehmen Sie lieber getrocknete Steinpilze aus dem Apennin mit. Oder möchten Sie sich einmal den Luxus eines Fläschchens *aceto balsamico tradizionale* gönnen? Etwa aus der renommierten *Acetaia Malpighi (Via Pica 310 | www.acetaiamalpighi.it)* in Modena. Eines der besten Olivenöle wird um Brisighella hergestellt.

In der *enoteca* in Dozza können Sie die besten Weine der Region kennenlernen, erwerben und sich Adressen von guten Winzern besorgen. Großen Zulauf haben Verkaufskampagnen – meist zusammen mit lokalen Restaurants – wie *Cantine Aperte* oder *Movimento Turismo del Vino:* önogastronomische Wochenenden mit offenen Kellereien; fragen Sie in den Fremdenverkehrsämtern danach!

KUNSTHANDWERK

Typisch für die Romagna sind die *tele ruggine,* nach uralten Verfahren mit rustikalen Mustern bedruckte Leinentischwäsche. Schöne Mitbringsel aus Keramik finden Sie in Ferrara, z. B. bei *Ceramiche Artistiche Ferraresi (Via Baluardi 125),* die die alten Renaissancemuster aufgreifen, vor allem aber in den mehr als 60 Werkstätten in Faenza. Kunsthandwerkliche Traditionen aus der Zeit von Matilde von Canossa greift hingegen das

> EINKAUFEN

Label Ars Canusina aus Reggio Emilia auf: schön dekorierte Keramik und Schmuck.

■MÄRKTE■

Gute Alternativen zu den teuren Marken bieten die vielen Wochenmärkte, allen voran die in Parma, Bologna und Cesena, mit ihren Ständen voller Jeans, Sweatshirts, Kleidern, Schuhen, Taschen. Auf diesen Wochenmärkten finden Sie aber auch Haushaltswaren, von der *moka,* der italienischen Espressokanne, bis zu Käsereiben und Cappuccinoschäumern. Sehr beliebt sind auch die monatlichen Antiquitäten- und Trödelmärkte, oft auf pittoresken Plätzen der alten Stadtkerne, z. B. in Bologna auf der Piazza Santo Stefano am zweiten Wochenende (außer Juli/Aug.), in Fontanellato um die Burg herum jeden dritten Sonntag, in Cortemaggiore bei Piacenza am ersten Sonntag. Besonders hochkarätige Aniquitäten finden sich auf der *Fiera dell'Antiquariato* in Cesena jedes dritte Wochenende im Monat sowie am vierten Wochenende in Modena im Park Novi Sad.

■MODE■

Die Ansiedlung vieler guter Namen der Prêt-à-porter-Mode – von Max Mara über Mariella Burani zu La Perla – um Reggio Emilia, Carpi und Bologna und der Wohlstand der Region haben dazu geführt, dass die Stadtzentren, aber auch die kleinen Ortschaften mit erstklassigen Modegeschäften ausgestattet sind. Viele Firmen haben fabrikeigene Verkaufsstellen. Outlets zu Modemarken um Bologna und Rimini finden Sie auf *www.outlets.bestofitaly.de.* Ein jährlich aktualisierter Schnäppchenführer mit Hunderten Adressen von Fabrikläden *(spaccio)* und Outletcentern ist „Lo Scoprioccasioni", zwar auf Italienisch, aber gut zu handhaben. Bei Fidenza gibt es an der Straße nach Soragna ein buntes Outletdorf mit allen erdenklichen Modemarken, das *Fidenza Village (tgl. | Chiusa Ferranda | www.fidenzavillage.com).* Ein weiteres Outletdorf liegt bei Castelguelfo vor den Toren Bolognas Richtung Ravenna *(Poggio Piccolo | Via del Commercio 20 a | www.outletcastelguelfo.it).*

> KUNSTZENTREN UND BURGEN

Traumschöne Bauten aus Ziegel und Marmor zwischen
Poebene und Apennin

> **Wie Perlen auf einer Schnur reihen sich
längs der Via Emilia die altehrwürdigen,
schönen Städte aneinander.**
Die ersten im Nordwesten der Emilia-Romagna sind die alte Bürgerstadt Piacenza mit ihrem berühmten gotischen Ratspalast, Fidenza mit seinem romanischen Dom, dessen steinerne Bilder die Geschichten der Rompilger erzählen, und Parma, die elegante einstige fürstliche Residenzstadt und immer noch Hochburg kulinarischer Genüsse. In die fruchtbare Ebene zum Po – die Uferlandschaft mit ihren Radrouten auf Deichsträßchen, mit Parks und Picknickplätzen ist hier besonders gepflegt – wie auch in die Hügel und Berge des Apennins im Süden mit ihren Rebzeilen, Wäldern und Wiesen lohnen Ausflüge. Die malerischen, gut erhaltenen Burgen der einstigen Territorialherren geben ihnen zusätzlichen Reiz.

Bild: Castello di Torrechiara

PARMA UND PIACENZA

PARMA

 KARTE IN DER HINTEREN UMSCHLAGKLAPPE

[115 D3] Parma ist genau der richtige Ort für *Cibus*, die größte Messe der italienischen Ernährungsindustrie Anfang Mai. Denn aus Parma und seiner fruchtbaren Agrarprovinz kommen all die Köstlichkeiten, die die italienische Küche weltweit berühmt gemacht haben: vom Parmaschinken bis zum Parmigiano-Reggiano. Barilla, die bekannteste Pastamarke Italiens, hat hier ihren Sitz und im Schloss des nahen Colorno die anspruchsvolle Kochakademie Alma *(www.alma. scuolacucina.it)*. Greifbar wird das Schlaraffenland in den Auslagen der Delikatessengeschäfte und in den guten Restaurants der Stadt und ihrer Umgebung. Oder auf Ausflügen zu den Orten im Umland, aus denen der milde Parmaschinken (Langhirano)

PARMA

und der Luxusschinken Culatello (Zibello) stammen, wo man sie kosten und kaufen kann und wo kleine Landmuseen ihre Herstellung zeigen (Infomaterial im Touristenbüro sowie unter *www.museidelcibo.it, www.stradadelprosciutto.it* und *www.consorziodelculatellodizibello.it*).

Trotz dieser deftigen Funktion als Kapitale italienischer Gaumenfreuden herrscht in der Provinzstadt Parma (170 000 Ew.) eine elegante Atmosphäre. Zur fürstlichen Residenzstadt wurde Parma zusammen mit Piacenza durch die Familie Farnese. 1545 schenkte der Farnese-Papst Paul III. seinem Sohn Pier Luigi die Stadt. Später heirateten die spanischen Bourbonen in die Dynastie ein. Aus dieser Zeit stammen Paläste, Parks, Kunstsammlungen sowie das berühmte Teatro Farnese.

1816 begann eine weitere Blütezeit unter der Habsburgerin Marie Louise, der zweiten Ehefrau Napoleons. Nicht zufällig bezeichnet man die Stadt auch als „Klein-Paris". In den einladenden Straßencafés auf der weiten Piazza Garibaldi mit dem Rathaus aus dem 17. Jh. trifft man sich zum Mittagssnack und zum Aperitif – im ▶▶ *Gran Caffè Orientale* sogar bei Austern – vor der strahlend gelben Kulisse des einstigen herzoglichen Verwaltungssitzes. Auch Giuseppe Verdis berühmte Opern, bürgerlich-handfest, gefühlvoll-vital, passen zum Stimmungsbild Parmas, wo Fanclubs sein Erbe hüten und das kompetente Opernpublikum ziemlich gefürchtet ist. Das Konterfei des Komponisten aus Schokolade steht neben dem der Marie Louise in den Schaufenstern der Konditoreien.

Parma wartet aber auch mit ein paar der größten Sehenswürdigkeiten Norditaliens auf, vor allem mit der romanischen Domanlage und den kraftvollen Malereien von zwei herausragenden Renaissancemalern: denen des Correggio genannten Antonio Allegri aus Correggio (1489 bis 1534) und denen des Parmigianino genannten Francesco Mazzola aus Parma (1503–1540). Wer mit dem Auto nach Parma kommt, steuert am

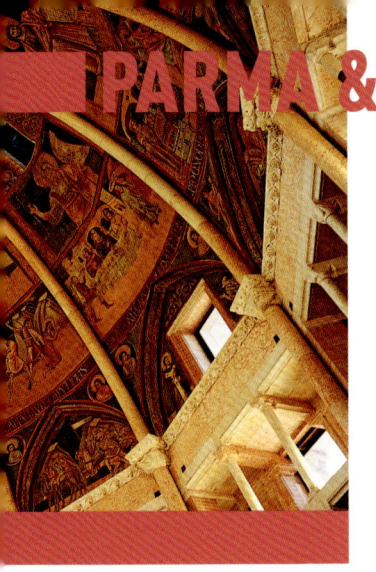

besten die Tiefgarage *Toschi* im Viale Toschi zwischen Palazzo della Pilotta und dem Fluss Parma an.

◼ SEHENSWERTES ◼

BATTISTERO ★

Dass in Parma schon im Mittelalter das Leichte, Elegante geliebt wurde, zeigt die achteckige Taufkirche am Domplatz, ein turmartiger Bau aus Marmor in zarten Rosa- und Weißtönen. Offene Säulenloggien lockern die acht Fassadenwände auf. Die Reliefs, u. a. an den Fassaden und in der Lünette, sowie die Arbeiten im Innern über den Portalen und dem Altar sind sämtlich Werke von Benedetto Antelami (1196–1216), einem Großmeister mittelalterlicher Steinskulptur: anschauliche, ungemein ausdrucksstarke Bibelgeschichten und Glaubenssymbole. Achten Sie vor allem auf die berühmten Darstellungen der Jahreszeiten und Sternzeichen auf der ersten Säulenebene. Bewundernswert sind auch die byzantinisch beeinflussten Fresken in den 16 Segmenten der gotischen Kuppel. *Tgl. 9 bis 12.30 und 15–18.30 Uhr | Piazza Duomo*

CASA NATALE DI ARTURO TOSCANINI

Parmas Musikpassion beschränkt sich nicht auf Verdi (und den in Par-

MARCO POLO HIGHLIGHTS

ma begrabenen „Teufelsgeiger" Niccolò Paganini). In diesem Haus in einem eher volkstümlichen Viertel wurde am 25. März 1867 der große Dirigent Arturo Toscanini geboren. *Di–So 9–13 und 14–18 Uhr | Via Tanzi 13 | www.museotoscanini.it*

DUOMO

Am stillen Domplatz mit seinem Rundsteinpflaster erhebt sich neben dem Baptisterium und dem Bischofspalast die romanische Sandsteinfassade des Doms. Im dreischiffigen Innern *(tgl. 9–12.30 und 15–19 Uhr)* überwältigt der Freskenschmuck vieler lokaler Künstler des 16. Jhs., der seinen Höhepunkt in der Ausmalung der Kuppel über dem Chor durch den Meister Correggio (1526–1530) findet: „Mariä Himmelfahrt". Im rechten Querschiff ist ein Meisterwerk Benedetto Antelamis zu bewundern: ein Relief mit der Kreuzabnahme Christi (1180). Unter dem Chor eine sehenswerte Krypta mit schönen Säulenkapitellen und Mosaikresten aus dem 6. Jh. *Piazza Duomo*

MADONNA DELLA STECCATA

An der Strada Garibaldi auf dem Weg zum Palazzo della Pilotta kommt man an dieser Renaissancekirche vorbei (Eingang von der Via Dante). Im imposanten Innern Freskenschmuck, u. a. von Parmigianino (16. Jh.). Sehenswert sind auch die Intarsiendekorationen in der Sakristei.

PALAZZO DELLA PILOTTA

Das mächtige Überbleibsel der Farnese, ihr gigantischer Palazzo (1583 bis 1622), nie ganz vollendet und im Zweiten Weltkrieg überdies durch

Bomben beschädigt, gewinnt durch seinen neu und elegant angelegten Vorplatz *Piazza della Pace*. Der Palazzo hat seinen Namen vom in Parma einst beliebten Ballspiel *pelota*.

Der Besuch des Palazzos beginnt mit dem ★ *Teatro Farnese (Di–So 8.30–13.30 Uhr)*, dem architektonisch genialen, enorm großen Holztheater von 1618 (nach Kriegsschäden 1950 rekonstruiert), in dem der Farnese-Hof seine Gäste mit Seeschlachten, Illusionsspielen und den ersten beweglichen Kulissen beeindruckte.

Außerdem zeigt im Erdgeschoss das *Museo Archeologico Nazionale (Juli–Sept. Di–Fr 9–14, Sa/So 9–19, Okt.–Juni Di–So 9–14 Uhr)* Reste der vorgeschichtlichen Terramare-Kultur aus der Poebene, einen Statuenzyklus aus der alten Römerstadt Velleia im Apennin und die *Tabula Alimentaria,* den ausführlichsten auf eine Bronzetafel geritzten Text, der aus der Römerzeit überliefert ist.

Die *Galleria Nazionale (Di–So 8.30–13.30 Uhr)* im ersten Stock versammelt die von den Bourbonen zusammengetragene Gemäldesammlung mit Werken von Leonardo da Vinci und Giulio Romano, von Tintoretto, Van Dyck und natürlich von Correggio. Sehenswert ist auch der klassizistische Lesesaal der *Biblioteca Palatina (Sept.–Juli Mo–Do 8.15 bis 19.10, Fr/Sa 8.15–13.45 Uhr)*. *Piazza della Pace*

PARCO DUCALE

Jenseits des Parma, auf der westlichen Flussseite, liegt der herzogliche Park, eine grüne Oase mit dem Herzogspalast. *Viale Kennedy/Strada Farnese*

Sogar richtige Seeschlachten wurden im Teatro Farnese einst aufgeführt

SAN GIOVANNI EVANGELISTA

Hinter dem Dom gelangt man zu dieser Renaissancekirche (15./16. Jh.) eines Benediktinerklosters, in deren Innerem Fresken von Correggio (in der Kuppel und der Lünette über dem Sakristeieingang) und Parmigianino (auf den Bögen der ersten, zweiten und vierten Kapelle im linken Seitenschiff) beeindrucken. Ebenfalls sehenswert sind die Intarsien von Marcantonio Zucchi im Chorgestühl (16. Jh.) sowie drei stimmungsvolle Kreuzgänge und in der Seitengasse *Borgo Pipa* die alte Klosterapotheke *Storica Spezieria di San Giovanni (Di–So 8.30–13.45 Uhr)* mit authentischen Utensilien aus dem 13. Jh. *Piazza San Giovanni/Borgo Pipa 1*

SAN PAOLO

Wie ein Schirm öffnet sich die Decke der *Camera di Correggio,* des Empfangszimmers des ehemaligen Benediktinerklosters San Paolo, von Correggio 1519 zauberhaft mit antiken Motiven ausgemalt. *Di–So 8.30 bis 13.30 Uhr | Via Melloni*

■ ESSEN & TRINKEN
OMBRE ROSSE

In der Altstadt junges Ambiente mit künstlerischem Touch, dazu ein phantastisches Weinangebot, eine reiche Käseauswahl und frische Gerichte. *Di und mittags geschl. | Borgo Tommasini 18 | Tel. 05 21 28 95 75 | €–€€*

PARIZZI

Aus dem Traditionslokal ist die schickste Gourmetadresse Parmas geworden. *Mo geschl. | Via della Repubblica 71 | Tel. 05 21 28 59 52 | www.ristoranteparizzi.it | €€€*

TRIBUNALE

Gemütliche, lebhafte Trattoria in der Altstadt, im Sommer zum Draußensitzen. *Mo/Di geschl. | Vicolo Politi 5 (Ecke Strada Farini) | Tel. 05 21 28 55 27 | €–€€*

TROVATORE

Freundliches, geschmackvolles Ambiente und gepflegte Küche unweit des Palazzo Pilotta. *So geschl. | Via Affò 2 a | Tel. 05 21 23 69 05 | www. iltrovatoreristorante.com | €€*

■ EINKAUFEN

Elegante Mode- und Wäschegeschäfte, verführerische Feinkostläden und Konditoreien konzentrieren sich in den Straßen *Strada Garibaldi, Strada Cavour, Strada Mazzini* und *Strada della Repubblica.* In den Parfümerien gibt es überall Veilchenwasser, und die Konditoreien wetteifern mit mauvefarbenen Veilchen aus Zuckerkristall: Die von den Parmensern verehrte Habsburgerin Marie Louise, der das Herzogtum Parma von 1816 bis 1847 unterstand, liebte den Duft von Veilchen.

■ ÜBERNACHTEN

BED & BREAKFAST

Auf der Website *www.bbparma.it* laden hübsche B-&-B-Zimmer (*€–€€*) zum Wohnen im Zentrum und in der ländlichen Umgebung ein.

DANIEL 🔊

Recht geschmackvoll renoviertes Traditionshotel mit gutem Restaurant *Cocchi (Sa geschl. | €€)* im Westen Parmas. *32 Zi. | Via Gramsci 16 | Tel. 05 21 99 51 47 | Fax 05 21 29 26 06 | www.hoteldaniel.biz | €€*

RELAIS FONTEVIVO 🔊

14 km Richtung Fontanellato 17 Zimmer und ein schönes Restaurant *(Sa-Abend und Mo geschl. | €–€€)* an einem Klosterkreuzgang – eine stimmungsvolle Basis für Stadt- und

Landpartien. *Fontevivo | Via Roma 1 a | Tel. 05 21 61 00 10 | Fax 05 21 61 07 36 | www.12monaci.it | €–€€*

■ AM ABEND

An Sommerabenden treffen sich alle vor den Kneipen und *wine bars* an Parmas „Movida"-Meile *Via Farini,* im Winter sitzt man gemütlich drinnen. Opernabende empfehlen sich im *Teatro Regio (Via Garibaldi 16),* Konzerte im von Renzo Piano gestalteten *Auditorium Paganini* in einer alten Zuckerfabrik. Auskunft für beide: *Tel. 05 21 03 93 93 | www.teatro regioparma.org*

■ AUSKUNFT

Via Melloni 1 b | Tel. 05 21 21 88 89 | Fax 05 21 23 47 35 | turismo.comu ne.parma.it/turismo

■ ZIELE IN DER UMGEBUNG

LA BASSA   [114–115 C–D2]

Der Ausflug in die Dörfer, in denen Giuseppe Verdi lebte, *Roncole* und *Busseto* (7000 Ew., 40 km nordwestlich), führt von Parma aus durch die Bassa, die flache Ebene des Pos, vorbei an den imposanten Burganlagen der mittelalterlichen Territorialdynastien, die ihre Festungen in der Renaissance zu stilvollen Residenzen *(www.castellidelducato.it)* umwandelten. Und bei allen Burgen finden Sie einladende Trattorien.

In ★ *Fontanellato* überrascht die ursprünglich mittelalterliche Dorfanlage, deren Häuser mit ihren Laubengängen die mächtige Renaissancewasserburg *Rocca Sanvitale (Führungen April–Okt. tgl. 9.30–11.30 und 15–18, Nov.–März Di–So 9.30* bis 11.30 und 15–17 Uhr) einfassen. Im Innern bezaubern die dick aufgetragenen, frisch restaurierten Parmigianino-Fresken.

Ein Abstecher nach *San Secondo Parmense* durch plattes, wie mit dem Lineal aufgeteiltes Ackerland geleitet zur ebenfalls über und über mit Fresken ausgemalten Burg *San Secondo (Führungen Di–So)*, im 15. Jh. von der Feudalfamilie Rossi erbaut.

Die nächste Burg liegt in *Soragna*. Hier hießen die mittelalterlichen Herren Meli Lupi. Deren Nachfahren bewohnen auch heute noch die eindrucksvolle Renaissanceanlage *Rocca di Meli Lupi (März–Okt. Di–So 9–11 und 15–18, Nov.–Feb. 9–11 und 14.30–17.30 Uhr)*. Soragna war einst Zufluchtsort einer großen jüdischen Gemeinde, davon zeugt die *Synagoge (März–Nov. Di–Fr 10–12 und 15–17, So 10–12.30 und 15–18 Uhr)*.

Nach weiteren 5 km in Richtung Busseto erreichen Sie das Dorf *Le Roncole* mit dem schlichten, bäuerlichen *Geburtshaus von Giuseppe Verdi (März–Okt. Di–So 9.30–12.30 und 14.30–18.30, Okt./Nov. 9.30–12 und 14.30–17 Uhr)*. Ein paar Häuser weiter wurde übrigens Giovanni Guareschi, der Schöpfer von Don Camillo und Peppone, geboren. In die *Trattoria Campanini (Di/Mi und außer So mittags geschl. | Via Roncole Verdi 136 | Tel. 052 49 25 69 | €–€€)* im 3 km entfernten Ortsteil Madonna dei Prati kommen die Leute von weit her wegen der ==Platten mit dem edlen Culatello-Schinken== aus dem eigenen Reifekeller, deshalb unbedingt reservieren.

In der Kleinstadt *Busseto* dreht sich alles um Verdi – der Meister in

Bronze sitzt vor dem hübschen Stadttheater, Schauplatz von Konzerten und dem Verdi-Festival im Oktober, und zu Verdi-Klängen genießt man Schinkenplatten und Wein in den typischen Porzellanschalen in der urigen *Salsamenteria Baratta (Mo geschl. | Via Roma 76 | Tel. 052 49 10 66 | €€)* unter den Arkaden. Zu den Verdi-Orten gehören auch der *Palazzo Barezzi (März–Okt. Di–So 10–12.30 und 15–18.30 Uhr | Via Roma 119)*, das Haus seiner Gönnerfamilie und ersten Schwiegereltern, sowie Verdis späteres Wohn-

Café unter den Arkaden in Busseto

haus, die elegante *Villa Verdi (Mitte Jan.–Mitte Dez. Di–So 9.30–11.30 und 14.30–16.30, April–Okt. bis 18.30 Uhr)* beim nahen Dorf Sant'Agata. Auskunft in Busseto:

CASTELLO DI TORRECHIARA UND LANGHIRANO [115 D3]

Wenn Sie der Beschilderung nach Langhirano südlich von Parma folgen, nähern Sie sich durch das weite,

Zu Tausenden reifen propere Schweinepopos in den Hallen von Langhirano zu edlen Schinken

Piazza Verdi 10 | Tel. 052 49 24 87 | www.bussetolive.com

Fahren Sie noch 10 km weiter, dann sind Sie im Dörfchen *Zibello* am Po, das italienweit berühmt ist für den besten Schinken des Landes, den *culatello.* Sie bekommen ihn am beschaulichen Dorfplatz im Delikatessenladen oder am Ortsausgang unterhalb des Podeichs in der einladend duftenden Traditionstrattoria *La Buca (Di geschl. | Via Ghizzi 6 | Tel. 052 49 92 14 | www.trattorialabuca. com | €€).*

flache Parmatal dem aufsteigenden Apennin. Nach knapp 20 km erheben sich auf einer Anhöhe die zinnenbewehrten Umrisse der perfekt geformten Burganlage ⭐ *Torrechiara* aus dem 15. Jh., die Sie unbedingt auch innen besichtigen sollten, denn sie ist ausgemalt mit zauberhaften Girlanden und amüsanten Grotesken und beherbergt die der Liebe gewidmete *Camera d'Oro (Di–So 9–19, Nov. bis Feb. bis 17 Uhr).*

Langhirano ist das Zentrum der Parmaschinkenherstellung, was man

PARMA & PIACENZA

an den großen Reifehallen mit den schmalen Lamellenfenstern der Dutzende von Schinkenproduzenten erkennt.

COLORNO [115 D2]

Auf dem Weg von Parma ins gut 10 km nördlich gelegene Colorno kommt man an der *Certosa di Paradigna* vorbei, einem mittelalterlichen Zisterzienserkloster, das den Schriftsteller Stendhal zu seinem Roman „Die Kartause von Parma" angeregt haben soll. Die *Reggia di Colorno (Di–Fr Führungen 11 und 16, Sa/So 10, 11, 15, 16, 17 Uhr | am letzten Aprilwochenende im Park eine zauberhafte Gartenausstellung)*, die stattliche, elegante Schlossanlage von Colorno, war der Sommersitz der Fürsten von Parma, ihr „kleines Versailles", das der berühmte Theaterarchitekt Fernando Bibiena im 18. Jh. anhand eines Vorgängerbaus aus dem 15. Jh. entwarf.

Den Po von nahem erleben können Sie bei den Ufer- bzw. Deichdörfern *Gramignazza, Polesine Parmense* und *Torricella di Sissa*. Am Wochenende werden Schiffsausflüge angeboten und Räder verliehen.

FIDENZA [114 C2]

Im Provinzstädtchen gut 20 km westlich an der Via Emilia zwischen Piacenza und Parma machten im Mittelalter die Rompilger Station – wegen der Gebeine des frühchristlichen Märtyrers San Donnino, zu dessen Ehren man Ende des 11. Jhs. den wunderbaren romanischen ★ *Dom* errichtete. Noch bis 1929 hieß Fidenza *Borgo San Donnino*. Die harmonische Domarchitektur und die anschaulichen steinernen Bilder, die die Romreisenden, ihre Pein und ihre Erlösung darstellen, sind heute Pilgerziel der Freunde romanischer Kirchenkunst.

SALSOMAGGIORE TERME [114 C2–3]

Wahrzeichen des klassischen, heute längst von modernen Kuranlagen, Schönheitsfarmen, Fitnesscentern, Schwimmbädern, Promenaden und Parkanlagen geprägten Kurorts 30 km westlich von Parma sind die ★ *Thermae Berzieri (www.termedisalsomaggiore.it)*, ein Badetempel in prachtvollem Jugendstil von 1913. Benannt wurden sie nach dem Kurarzt Lorenzo Berzieri, der Salsomaggiore im 19. Jh. zum Kurort gemacht hatte. Das nahe, wunderbar intakte Burgdorf *Vigoleno* ist im Juli Kulisse für Opernaufführungen.

>LOW BUDGET

> In der *Casa della Musica (Piazzale San Francesco 1 | www.lacasadellamusica.it)* in Parma gibt es gelegentlich Gratiskonzerte, z. B. von Mitte Mai bis Mitte Juni jeden Mittwoch und Freitag oder im Frühling die Sonntagskonzerte junger Musiker.

> Der *Kleidermarkt* auf der Via Verdi und der Piazza Pilotta jeden Mittwoch- und Samstagvormittag gleicht die Preise der eher teuren Boutiquen Parmas aus.

> Wer mehrere der vielen schönen Burgen um Parma und Piacenza besuchen möchte, kann mit der *Card dei Castelli del Ducato* bei jedem Eintritt 1 Euro sparen und erhält auch Rabatt auf Hotels bei den Burgen.

VIA FRANCIGENA [114–115 C–D2–4]
Die „Frankenstraße", diese bedeutende mittelalterliche Pilgerroute aus dem Norden über die Alpen nach Rom, einer der großen historischen Reisewege Europas *(www.viafranci gena.eu)*, führte einst bei Fidenza bzw. Parma durch das Tarotal hinauf und beim Cisapass gen Süden über den Apennin, wovon heute noch hier und dort kleine romanische Kirchen zeugen: So entdeckt man in *Collecchio* beim Naturschutzgebiet *Boschi di Carrega* – einem schönen Wald und Naherholungsgebiet der Parmenser – das lauschig gelegene romanische Kirchlein *Pieve di San Biagio di Talignano* von 1200.

Im Städtchen *Fornovo di Taro* [114 C3] zeigt die Steinfigur auf dem Portal der Kirche *Santa Maria Assunta* im alten Zentrum den Prototyp des Pilgers mit seinem schützenden Umhang und sieben Schlüsseln, die ihm die sieben Hauptkirchen Roms öffnen sollten.

Die Straße verlässt nun den Talboden und zieht hinauf in die immer schöner und steiler werdende Landschaft mit Wiesen, Feldern und Wäldern. Das Dorf *Bardone* mit seinem romanischen Kirchlein war im Mittelalter eine bekannte Pilgerstation. Auch *Terenzo* gehörte zur Pilgerstraße. Herrlich liegen das Dörfchen 🌟 *Cassio* und das pittoreske mittelalterliche *Borgo Castello di Casola*. Oberhalb des Tarotals (berühmt für seine Steinpilze: *www.stradadelfun go.it*) steuert sie den Cisapass Richtung *Berceto* [114 C4] (2750 Ew.) an, Agrarzentrum und Bergferienort mit Kastell und der stattlichen romanischen Pfarrkirche *San Moderanno*, die auf eine langobardische Gründung zurückgeht.

VILLA MAGNANI [115 D3]
Bei Mamiano, 16 km südlich in der ländlichen Umgebung Parmas auf dem Weg nach Traversetolo, beherbergt diese elegante Villa aus dem 19. Jh. eine sehenswerte Kunstsammlung alter und neuer Meister (Dürer, Goya, Renoir, Morandi u. a.). *März–Nov. Di–So 10–18 Uhr)*

PIACENZA

[114 B1–2] **Piacenza (102 000 Ew.) am Po, seit 2000 Jahren eines der wichtigsten Handels- und Handwerkszentren Norditaliens, besitzt eine gepflegte Altstadt.** Die Festungsanlagen, deren Reste heute als Flanieralleen dienen, stammen aus der Zeit der Farnese, die 1547 nach der Ermordung Pier Luigi Farneses ihren Hof nach Parma verlegten und die Festungsanlagen errichteten. So wurde Piacenza im Gegensatz zu Parma nie Residenzstadt, vielmehr eine Gemeinschaft vieler wohlhabender Familien: Über 100 herrschaftliche ==Wohnpaläste== aus dem 16.–18. Jh. säumen mit ihren kunstvollen Portalen die Straßen. Die verkehrsberuhigte Via XX Settembre, der Lebensnerv der Altstadt mit Geschäften und Cafés, verbindet das weltliche Zentrum, den phantastischen Palazzo Gotico, mit dem geistlichen, dem Dom.

■ SEHENSWERTES
DUOMO
Mächtiger, faszinierend verschachtelter Komplex romanischer und gotischer Bauelemente auf einer Krypta

mit 108 Säulen an der hübschen grünen *Piazza del Duomo.*

GALLERIA D'ARTE MODERNA RICCI ODDI

Eine feine Sammlung italienischer Moderne, die der Sammler Giuseppe Ricci Oddi zwischen 1897 und 1925

heute Sitz der *Musei Civici (Di bis Do 9–13, Fr–So 9–13 und 15–18 Uhr).* Diese zeigen die Bildersammlung der Farnese (sogar mit einem Botticelli), historische Waffen, frühgeschichtliche Funde, mittelalterliche Sakralkunst und eine Kutschen-

Ausdruck städtischen Selbstbewusstseins: der Palazzo Gotico auf der Piazza Cavalli

zusammentrug. *Di–So 10–12 und 15 bis 18 Uhr | www.riccioddi.it | Via San Siro 13*

PALAZZO FARNESE

Ähnlich abweisend und halbfertig wie der Parmenser Palazzo della Pilotta wirkt auch dieser Farnese-Palast, halb Riesenhaus, halb Kaserne aus braunen Ziegelsteinen (14./17. Jh.). Nach langer Restaurierung ist er

sammlung. *Piazza Cittadella/Via Risorgimento*

PIAZZA CAVALLI

Den Hauptplatz Piacenzas beherrscht der ⭐ *Palazzo Gotico.* Mit seinem Arkadensockel aus Marmor und seinem Obergeschoss aus Ziegelstein, mit aufwendigen gotischen Bogenfenstern und Terrakottaverzierungen ist er einer der eindrucksvollsten

Bürgerratspaläste Norditaliens aus der Zeit der mittelalterlichen Kommunen. Ebenso berühmt sind die beiden stolzen, vitalen Reiterstandbilder (1620–1625) von Francesco Mochi, die zwei Farnese-Fürsten darstellen.

ESSEN & TRINKEN

ANTICA OSTERIA DEL TEATRO

Erste Adresse mit kreativer, sorgfältiger Küche, stilvoll in einem Palast beim Stadttheater. *So/Mo geschl. | Via Verdi 16 | Tel. 05 23 32 37 77 | €€€*

LA PIREINA

Lebhafte Trattoria zwischen Altstadt und Po mit herzhafter Küche. *So-Abend und Mo geschl. | Via Borghetto 137 | Tel. 05 23 33 85 78 | €*

ÜBERNACHTEN

CITY ⟫⟫

Modernes, komfortables Haus im Osten der Stadt. *60 Zi. | Via Emilia Parmense 54 | Tel. 05 23 57 97 52 | Fax 05 23 57 97 84 | www.hotelcitypc.it | €€*

GRANDE ALBERGO ROMA ⟫⟫

Elegantes, alteingesessenes Hotel im Zentrum mit Restaurant *Piccolo Roma*. *76 Zi. | Via Cittadella 14 | Tel. 05 23 32 32 01 | Fax 05 23 33 05 48 | www.grandealbergoroma.it | €€€*

AUSKUNFT

Piazza Cavalli 7 | Tel. 05 23 32 93 24 | Fax 05 23 30 67 27 | www.provincia.piacenza.it/turismo

ZIELE IN DER UMGEBUNG

CASTELL'ARQUATO UND BARDI   [114 B-C2-3]

Das wirkungsvoll auf einem Fels in zwei Stufen über dem Ardatal gelegene Wehrstädtchen ⚔ *Castell'Arquato* (4400 Ew.) 30 km südöstlich von Piacenza, einst einer der begehrtesten Stützpunkte im Apennin, ist heute dank seiner gut erhaltenen mittelalterlichen Anlage mit Palazzi, Kirchen, der Burg und vielen Restaurants ein Tummelplatz für Sonntagsausflügler.

Um *Lugagnano Val d'Arda* zeigt der Apennin seine typischen lehmigen Erosionsfalten. Von hier windet sich die schöne Strecke 30 km weiter hinauf nach *Bardi* (3300 Ew.), einst Zentrum des kleinen Reichs der Feudalfamilie Landi, heute Sommerfrische. Hoch über dem Ort erhebt sich die mächtige Wehranlage ⚔ *Rocca dei Landi (März–Mai und Okt. Sa 14 bis 19, So 10–18, Juni und Sept. Mo bis Sa 14–19, So 10–19, Juli/Aug. tgl. 10–19, Nov. Sa 14–17, So 10–17 Uhr)* aus dem 13./14. Jh. Neben weiteren malerischen Burgdörfern in den Hügeln *(www.castellidelducato.it)* – einige mit Relais de Charme – beeindrucken auch die römischen Ausgrabungen von *Velleia (tgl. 9–18.30 Uhr)*.

CHIARAVALLE DELLA COLOMBA   [114 C2]

Trockenlegen, urbar machen, abholzen, landwirtschaftlich nutzen, das war die Devise der Zisterziensermönche, die sich 25 km südöstlich in der Poebene nahe der Via Emilia (4 km von *Alseno*, unterhalb Fiorenzuola d'Arda) auf Geheiß ihres französischen Ordensgründers Bernard de Clairvaux Mitte des 12. Jhs. niederließen und ein bald sehr einflussreiches Kloster gründeten. Höhepunkt der eindrucksvollen Backsteinanlage ist der besonders schöne Kreuzgang. Zum Fronleichnamsfest legen die

Zisterziensermönche farbenfrohe Blütenteppiche.

GRAZZANO VISCONTI [114 B2]

Ein kurioses, beliebtes Ausflugsziel im Nuretal knapp 15 km südlich von Piacenza. Von dem mittelalterlichen Weiler, Inbegriff pittoresken Kitsches, ist nur die Burganlage aus dem 14. Jh. echt.

VAL DI TREBBIA ★ [114 A–B2–3]

Im Süden Piacenzas geht es in eines der schönsten Apennintäler. Gegraben hat es der Fluss Trebbia. Bis *Bobbio,* dem zentralen Städtchen (4000 Ew., 45 km) mit seinem Kastell, einst Bischofssitz und Handelszentrum, geht es durch eine liebliche Hügellandschaft voller Wiesen, Felder und Rebhänge, an denen die guten weißen Trebbianinotrauben reifen. Kastelle und befestigte Burgdörfer wie etwa *Rivalta,* 20 km von Piacenza direkt am Fluss, zeugen von früher, reger Besiedlung, ebenso die Klöster. Eines davon ist die Abtei des bedeutenden irischen Mönchs Columban aus dem 7. Jh., die *Abbazia di San Colombano* im Zentrum Bobbios, heute in Gestalt des 15./16. Jhs. Außerdem sehenswert sind der auf elf Bögen bucklig über den Fluss geschwungene *Ponte Gobbo* aus dem 12. Jh. und das Kastell von 1440 über dem Ort. Übernachten und essen können Sie gut im *Albergo Piacentino (18 Zi. | Piazza San Francesco 19 a | Tel./Fax 05 23 93 62 66 | www.hotelpiacentino.it | €).* Das obere Flusstal ist wegen der Landschaft und des sauberen Wassers der Trebbia beliebt bei Campern, Wanderern, Raftern und Kanufahrern.

In Bobbio führt der Ponte Gobbo, die „bucklige Brücke", über den Fluss Trebbia

> MODERNES LEBEN IN ALTEN MAUERN

Stolze Provinzstädte in der Bassa, dem Land von Don Camillo und Peppone

> Die Via Emilia, die antike Straße durch die Poebene, durchquert – für den Verkehr gesperrt – die Herzen der beiden geschäftigen Provinzstädte Reggio Emilia und Modena. Palazzi säumen sie hier und Arkaden, unter denen sich ein Geschäft ans andere reiht.

Während es Reisende in Modena zum berühmten Dom zieht, fehlt dem schlichteren Reggio Emilia der augenfällige Magnet. Hier zählt eher das „Innenleben": hohe Lebensquali-tät, gute soziale Einrichtungen und schicke Modegeschäfte.

Die Umgebung hat ebenfalls einiges zu bieten: den Apennin mit den höchsten Bergen der Emilia, im Winter renommierte Skigebiete, die Ruine der Burg von Canossa und nördlich der Via Emilia die Bassa mit ihren im Winterdunst verloren wirkenden Orten, die in der Renaissance Kleinstaaten mit oft eindrucksvollen Plätzen waren.

Bild: Palazzo Ducale in Sassuolo

MODENA UND REGGIO EMILIA

MODENA

[115 F3] **Es gibt eine Menge Leute, die den Namen Modena kennen. Etwa Autofans, denn im nahen Maranello haben findige Ingenieure den Grand-Prix-Star Ferrari entwickelt.** Kenner mittelalterlicher Architektur kommen, um den Dom zu besichtigen, Freunde moderner Architektur, um sich den vom Stararchitekten Aldo Rossi gestalteten avantgardistischen Friedhof *San Ca-* *taldo* im Ortsteil Madonnina anzuschauen. Und Opernfreunde wissen, dass der Tenor Luciano Pavarotti aus Modena stammte.

Mit ihren Betrieben und hoch qualifizierten Bildungseinrichtungen zählt die Stadt (177 000 Ew.) zu den modernsten Europas. Dennoch, das gediegen-elegante Flair italienischer Provinz ist der verkehrsberuhigten Altstadt geblieben. Unter den Arkaden in den Läden mit den üppigen

Auslagen gehen die berühmten Wurstwaren über die Theke, und das geschäftige Treiben in der Markthalle aus den Dreißigerjahren, dem *Mercato Centrale* an der Via Albinelli nur ein paar Schritte südlich der Piazza Grande, lässt vergessen, dass die in den letzten Jahren entstandenen riesigen Shoppingcenter an der dena verlegte, stammen das rational gezogene nördliche Straßennetz und der gewaltige Palazzo Ducale.

■ SEHENSWERTES

CORSO CANAL GRANDE

An Stelle dieser im 16. Jh. angelegten Straße floss einst der Kanal, der Modena mit dem Po verband. Im

Den Dom von Modena überragt die markante Ghirlandina, der 88 m hohe Campanile

Peripherie den Geschäften und Märkten in der Altstadt auch in Modena das Wasser abzugraben drohen.

Modena wurde durch zwei Epochen geprägt: In ihrer Zeit als Stadtkommune im Mittelalter entstanden die Piazza, der Ratspalast, der Dom und das umliegende Gassengewirr südlich der zentralen Via Emilia. Aus der Zeit, als die Fürstenfamilie Este 1598 ihren Hof von Ferrara nach Mo-

Lauf der Jahrhunderte entwickelte sie sich zur Paradestrecke durchs Zentrum, an der imposante Paläste des Modeneser Adels sowie das Stadttheater (1841) entstanden. Sie endet in der herzoglichen Parkanlage, dem heutigen Stadtpark. Der Parkpavillon *Palazzina Ducale,* einst fürstliches Teehaus, zeigt heute Wechselausstellungen zeitgenössischer Fotokunst.

> **www.marcopolo.de/emiliaromagna**

DUOMO ★

Aus hellem und rosafarbenem Gestein erbaut, liegt die berühmte Kathedrale an der Piazza Grande, leicht und abwechslungsreich strukturiert mit ihrem mittigen Loggienzug aus Triforienbögen und ihren Baldachinportalen, deren Säulen von stattlichen Löwen getragen werden. Die Bürger und der Klerus veranlassten 1099 den Bau dieses Gotteshauses für die Reliquien des ersten Bischofs und Stadtheiligen Modenas, San Geminiano. Lanfranco hieß der Baumeister des Doms, und Wiligelmo und seinen Schülern sind die Meisterwerke romanischer Bildhauerkunst zu verdanken.

Das beginnt mit den Reliefs auf der Fassade aus Carraramarmor, die die Geschichte von Adam und Eva und ihrer Vertreibung aus dem Paradies erzählen. An der Südflanke befinden sich die *Porta dei Principi,* im Architrav Episoden aus dem Leben des Heiligen, und die *Porta Regia,* das königliche Portal. An der Nordflanke der Kathedrale schmücken die *Porta della Peschiera* Abbildungen von Bauern- und Handwerkertätigkeiten aus Stein. Auch im dreischiffigen Inneren aus dunkelbraunem Backstein entdeckt man überall steinerne Bibelgeschichten, etwa die Passion Christi auf Kanzel und Chorschranke an der Chorempore, ein Werk der Meister aus Campione am Luganer See (12./13. Jh.), aber auch viele Details und Kuriositäten wie die mächtigen Löwen oder akrobatisch verrenkte Figuren als Säulenträger. *Tgl. 7–12.30 und 15.30 bis 19 Uhr.*

In den *Musei del Duomo (Di–So 9.30–12.30 und 15.30–18.30 Uhr | Via Lanfranco 6)* bestaunt man den kostbaren Domschatz und die Bildhauereien, die einst die Dommauern zierten, allen voran die Reliefs mit monströsem Getier.

MARCO POLO HIGHLIGHTS

★ Galleria Estense
In Modena die Kunstsammlung der Este-Fürsten (Seite 48)

★ Schicke Mode, Stoffe und erstklassige Lebensmittel
Reggio Emilia ist die ideale Shoppingstadt (Seite 53)

★ Kirschblüte
Zartes Blütenmeer in Vignola im Panarotal (Seite 53)

★ Duomo
In Modenas Dom wird das Mittelalter anschaulich (Seite 47)

★ Piazza dei Martiri
Einer der besonders schönen Plätze Norditaliens in Carpi (Seite 50)

★ Canossa und Apennin
Der Gang zu den Burgen der Matilde im Reggianer Apennin (Seite 54)

★ Osteria La Francescana
Bei Chefkoch Massimo Bottura in Modena werden die Geschmacksnerven fein und kreativ stimuliert (Seite 49)

★ Hall of Fame
Berühmte Ferrari-Flitzer stehen in Maranello (Seite 51)

Der schlanke, wohlgeformte ✂ Kirchturm *Ghirlandina* (12./14. Jh.), der 88 m hoch über die Altstadtdächer ragt, ist das Wahrzeichen Modenas und derzeit wegen Restaurierung in eine vom Künstler Mimmo Paladino gestaltete Plane gewickelt.

PALAZZO DUCALE
Das imposante Gebäude mit breiter Fassade, Baubeginn 1629, drückt den Ehrgeiz der Fürstenfamilie Este aus, Modena zu einer prächtigen Residenzstadt zu machen. Seit 1862 ist der Palazzo Ducale eine wichtige Militärakademie.

PALAZZO DEI MUSEI
Der riesige Palast aus dem 18. Jh., zuerst Waffendepot, dann *Albergo dei Poveri,* städtisches Armen- und Krankenhaus, wurde 1884 Sitz der *Musei Civici (Di–Fr 9–12, Sa/So 10 bis 13 und 15–18 Uhr).* Deren Be-

stände – außer den städtischen antiken, mittelalterlichen und archäologischen Ausstellungen – gehen fast sämtlich auf die Sammlerleidenschaft der Este-Fürsten zurück. In der *Biblioteca Estense (Mo–Sa 9–13 Uhr)* sind kostbare Handschriften zu bewundern, vor allem die von Taddeo Crivelli 1455–1461 für Fürst Borso mit Miniaturen prachtvoll ausgemalte Bibel. Die ⭐ *Galleria Estense (Di–So 9–19.30 Uhr)* zeigt die Kunstsammlung der Este, u. a. Arbeiten der besten emilianischen und venetischen Künstler des 15.–18. Jhs. *Largo Porta San Agostino 337*

PIAZZA GRANDE
Mit dem Dom und ihrem eleganten Kirchturm Ghirlandina ist zugleich die gesamte Piazza unter Unesco-Schutz gestellt worden. Vor dem Palazzo Comunale liegt der dicke, rote Marmorstein *preda ringadora* (Rednerstein), von dem aus im Mittelalter jeder, der wollte, losschimpfen konnte, eine Art Vorläufer von Speaker's Corner im Londoner Hyde Park. Der Besuch des Palazzos lohnt wegen eindrucksvoller Treppenaufgänge und Säle, der *Sala del Fuoco* im Renaissancestil, der Barockfresken in der *Sala del Vecchio Consiglio* und wegen der bemalten Wandteppiche in der *Sala degli Arazzi.* Außerdem steht auf der Piazza Grande auf der Gebäudekante an der Via Castellaro als Steinfigur ungemein sanft und lieb *Bonissima,* eine Wohltäterin aus dem Mittelalter.

TERRAKOTTASKULPTUREN
Besonders schöne Beispiele der für die Emilia typischen Terrakotta-

skulpturen finden Sie in den Kirchen *San Francesco* am *Corso Canal Chiaro* (1523 von Antonio Begarelli), in *San Giovanni Battista* an der *Via Emilia* (1476 von Guido Mazzoni), in *San Agostino* beim Museumspalast (Kreuzabnahme von Begarelli), in *San Pietro* (Begarelli) und im Dom selbst ("Madonna della Pappa" 1480 von Guido Mazzoni).

▊ ESSEN & TRINKEN ▊▊▊▊

ALDINA
Beliebter Mittagstisch im ersten Stock eines Altstadthauses. *So und abends geschl. | Via Albinelli 40 | Tel. 059 23 61 06 |* €

GIUSTI
Unter diesem Namen gibt es in Domnähe den ältesten Wurstladen Europas (seit 1598), daneben die *Hosteria Giusti (So/Mo und abends geschl. | Vicolo Squallore 46 | Tel. 059 22 25 33 |* €€–€€€) mit wenigen Plätzen – Modenas michelinsterngekrönter Mittagstisch – und ein paar Häuser weiter die *Caffetteria Giusti (So geschl. | Via Farini 83 | Tel. 059 24 67 77 |* €€) mit Cappuccino, schmackhaftem Imbiss und exzellenten Weinen.

OSTERIA LA FRANCESCANA ★ ▶▶
Kultadresse für Leute, die für ein Essen bei Kreativkoch Massimo Bottura auf ein paar neue Schuhe verzichten. *Sa-Mittag und So geschl. | Via Stella 22 | Tel. 059 21 01 18 | www.osteriafrancescana.it |* €€€

▊ EINKAUFEN ▊▊▊▊▊▊▊
Die besten Modegeschäfte finden Sie in der *Via Emilia* und ihren Seiten-

Monumental: der Palazzo Ducale der Fürstenfamilie Este in Modena

gassen, Delikatessen bei *Giusti (Via Farini 75).* Der *mercato* in der *Via Albinelli* ist ein besonders schöner Lebensmittelmarkt in der Altstadt. Jedes vierte Wochenende im Monat Antiquitätenmarkt im *Parco Novi Sad.*

▊ ÜBERNACHTEN ▊▊▊▊▊

CANALGRANDE ⌘
Stilvolles Traditionshotel mit Garten. *68 Zi. | Corso Canal Grande 6 | Tel. 059 21 71 60 | Fax 059 22 16 74 | www.canalgrandehotel.it |* €€–€€€

LIBERTÀ ⌘
Solides Hotel im Zentrum mit anständigem Frühstück. *51 Zi. | Via Blasia 10 | Tel. 059 22 23 65 | Fax 059 22 25 02 | www.hotelliberta.it |* €€

■ AM ABEND ■

Treff von morgens bis spätabends an der Piazza Grande ist das *Caffè Concerto (www.concertomodena.com)*, zum späten Glas Wein das *Compagnia del Taglio (So/Mo geschl. | Via Taglio 12)*. Beliebte Aperitifbars und Kneipen säumen die Altstadtgasse *Via Gallucci*. Die angesagte Ausgehadresse für Drinks, Musik, Tanz: *Baluardo della Cittadella (Piazza Giovani di Tien an Men 5)* in einer alten Militäranlage beim Sportstadion.

■ AUSKUNFT ■

Via Scudari 8 | Tel. 05 92 03 26 60 | Fax 05 92 03 26 59 | turismo.comune.modena.it

■ ZIELE IN DER UMGEBUNG ■

APENNIN   [115 E–F5]

Südlich von Modena geht es in die Hügel und Berge zu den Pässen hinauf, die in die Toskana führen. Der höchste Gipfel des Apennins ist hier der *Monte Cimone* (2165 m). Mit seinen Skipisten und -liften, dem Bergferienort Sestola und dem Abetonegebiet auf der toskanischen Seite ist er der Mittelpunkt des wichtigsten Wintersportzentrums im Apennin Norditaliens. Auf dem Weg hinauf liegt an der SS 12 *Pavullo nel Frignano* (13 500 Ew.), das bedeutendste urbane Zentrum im Modeneser Apennin. Hier finden Sie jede Menge Unterkünfte.

Hinter Pavullo führt ein Abstecher hinauf zum *Castello di Montecuccolo*. Die Straße gabelt sich nun: Links geht es nach *Sestola* (2800 Ew.), dem berühmten Ferienort, über den sich eine mächtige Wehrburganlage erhebt. *Fanano* (2900 Ew.), herrlich von Gipfeln umgeben, hat ein ansprechendes historisches Zentrum. Die rechte Abzweigung führt in die Bergferienorte *Lama Mocogno* und *Pievepelago*. Bei *Sant'Andrea Pelago* stößt man auf zwei **capanne celtiche**, 2000 Jahre alte Steinhütten mit Stufendächern. Alle genannten Orte verfügen über Unterkünfte und Restaurants und können als Ausgangsbasis für die vielfältigen Wandermöglichkeiten genutzt werden. Vielleicht lockt es Sie an einen der schönen Bergseen, an den *Lago Santo* oberhalb von Pievepelago oder an den *Lago di Ninfa* bei Sestola oder zu einer Klettertour auf einen der Gipfel.

CARPI   [115 F3]

Wer das 18 km nördlich von Modena in flacher Landschaft gelegene Carpi (60 000 Ew.) kennt, umgeben von Feldern, Obstplantagen, Rebzeilen und ein paar Reisfeldern, macht auf seiner Fahrt über die Brennerautobahn hier Rast, in einem der Cafés auf der besonders schönen ★ *Piazza dei Martiri*. Der Platz hat die Form eines langen, offenen Rechtecks. An seiner Ostflanke liegen Geschäfte und Cafés unter einer eleganten Fassadenkette aus 52 Arkadenbögen. An der Westflanke steht der mächtige, burgartige *Palazzo dei Pio*, Sitz der Familie Pio, die 1327 die Herrschaft über Carpi gewann. Im rechten Burgtrakt erinnert eine Gedenkstätte mit dem *Museo al Deportato Politico e Razziale (Fr–So 10–13 und 15–19 Uhr | www.fondazionefossoli.org)* an die von den Nazis ins Konzentrationslager im 4 km nördlich gelegenen Fossoli Deportierten. Die Reste der Lagerbaracken finden sich dort.

Rechts der Burg weist die anmutige rote Fassade des klassizistischen Theaters auf die Piazza. Und an der südlichen Querseite leuchtet die orange- und gelbfarbene Barockkirche *Santa Maria Assunta.* In deren Innerem sollten Sie sich unbedingt die berühmten kunstvollen Gipsintarsien aus dem 16./17. Jh. anschauen, die als Marmorfälschungen die Altäre schmücken. Die nördliche Querseite läuft im *Corso Alberto Pio* aus, der Shoppingmeile mit eleganten Boutiquen.

Carpis Reichtum fußt auf den vielen Strickwarenbetrieben, die 40 Prozent ihrer Produktion nach Deutschland exportieren. Hinter der Burg stößt man auf die *Chiesa della Sagra,* eine langobardische Gründung aus dem 8. Jh.

MARANELLO [115 F4]

Der Ort 15 km südlich von Modena wird von Ferrari bestimmt, vom Werk, den Zubehörbetrieben und der ★ *Hall of Fame* für die internationale Ferrari-Fangemeinde. Dort wird die Erfolgsgeschichte des 1898 geborenen Mechanikers Enzo Ferrari dokumentiert: durch die ersten Wagen, die ersten Motoren, Zeugnisse der ersten Rennen, der jüngsten Rennen. Ein paar neuere Modelle bis zum F 40 gibts auch zu sehen, Motoren und schließlich jede Menge teure, edle Souvenirs *(tgl. 9.30–18 Uhr | Galleria Ferrari, Via Dino Ferrari 43 | www.galleria.ferrari.com).*

NONANTOLA [115 F3]

10 km nordöstlich von Modena entstand auf Initiative der langobardi-

Eine moderne Pilgerstätte ist die Ferrari-„Hall-of-Fame" in Maranello

schen Herzöge aus dem Friaul im 8. Jh. diese *Klosteranlage (Di–Sa 9–12.30 und 15.30–18.30, So 15.30 bis 18.30 Uhr),* die unter den Benediktinern zu einer der wichtigen Abteien Norditaliens wurde. Die Steinmetzarbeiten an der Fassade und um das Eingangsportal der ehemaligen Abteikirche *San Silvestro* aus dem 12. Jh. sollen u. a. auch von Wiligel-

Ew.) 15 km südwestlich, doch inmitten von Zersiedlung und Lastwagenkolonnen stößt man im Ortskern auf den hochherrschaftlichen *Palazzo Ducale (Mitte März–Mitte Nov. Sa 15–18, So 10–13 und 15-18 Uhr),* den mit Fresken geschmückten Sommerpalast der Fürsten Este, heute Kulisse für interessante Wechselausstellungen.

Die Obstblüte macht die Gegend um Vignola im Frühling besonders schön

mo stammen. Sehenswert sind außerdem die Krypta, das Refektorium mit Fresken aus dem 11./12. Jh. und das kleine *Museum* mit Klosterschatz, Gründungsdokumenten und einem Evangeliar der Matilde von Canossa.

SASSUOLO   [115 E4]
Unzählige Kachel- und Keramikfabriken pflastern die Gemeinde (41 000

VIGNOLA, SPILAMBERTO UND MARANO SUL PANARO   [115 F4]
Eine Reihe von einst stattlichen Burgdörfern, um die sich im Mittelalter die Feudalfamilien und der Klerus schlugen, charakterisieren die ersten Apenninhügel zwischen Bologna und Modena. Da ist zunächst einmal das knapp 25 km südlich von Modena gelegene *Vignola (20 000*

Ew.) über dem Panarotal, das im Frühjahr zur ⭐ Kirschblüte in ein zauberhaftes Meer aus rosaweißen Tupfen getaucht ist. Vignolas gut erhaltene *Burganlage* steht mitten im Ort.

Das nahe *Spilamberto* gilt als die Wiege des edlen *aceto balsamico tradizionale.* Eine eindrucksvolle historische Essigbatterie können Sie an der Piazza in der *Villa Fabriani (Di–So 9.30–13 und 15–19 Uhr | www.museodelbalsamicotradizionale. org | Via Roncati)* besichtigen. Im Rahmen der *Fiera di San Giovanni* (fünf Tage um den 24. Juni herum) stellen Küfer im Zentrum Essigfässer auf und laden zur Verkostung von *aceto balsamico tradizionale.* Wie man den Balsamessig fein ausgewogen mit Gerichten kombiniert, führt die *Trattoria Da Cesare (So-Abend, Mo und Di geschl. | Via San Giovanni 38 | Tel. 059 78 42 59 | €–€€)* vor.

Wenn Sie von Vignola das Panarotal hinauffahren, beeindrucken beim Ort *Marano sul Panaro* die ✿ *Sassi di Rocca Malatina,* gewaltige, zu Monolithen erodierte Felsblöcke. Typisch für die Hügel Modenas sind die *tigelle,* kleine heiße, runde Teigfladen, zu denen man Schinken, Käse und Schmalz isst, in Marano z. B. im Restaurant *Al Ponte (Mo/Di und außer So mittags geschl. | Via Fondovalle 2131 | Tel. 059 70 31 66 | €),* wo Sie aber auch deftige Wildgerichte bekommen.

REGGIO EMILIA

[115 E3] Wer gut und nett beraten einkaufen möchte, ⭐ **schicke Mode, Stoffe und erstklassige Lebensmittel, der tut das in Reggio Emilia.** Etwa in den zahlreichen Boutiquen unter den Arkaden der Via Emilia, die die Altstadt durchquert, oder in der uralten Fressgasse Broletto zwischen Piazza Prampolini (mit Dom und Rathaus) und Piazza San Prospero mit dem *Gemüsemarkt (Mo–Sa 8–13 Uhr).*

Zugleich repräsentiert die Stadt (145 000 Ew.) am ehesten das Modell der „roten" Emilia-Romagna. Camillo Prampolini aus Reggio Emilia, nach dem der Hauptplatz benannt ist, zählte Ende des 19. Jhs. zu den engagiertesten Landarbeiterführern der Region. Die Piazza dei Martiri del 7 Luglio erinnert an die hier besonders erbitterten Kämpfe zwischen Partisanen und Faschisten am Ende des Zweiten Weltkriegs. Reggio Emilia steht heute für exzellente soziale Einrichtungen – weltberühmt sind die Kindergärten *(www.reggio children.com)* der Stadt –, für eine vorbildhafte Integration der Einwanderer, für viele interessante Kultureinrichtungen und Rockmusik. Und aus ihrem grün-weiß-roten Stadtbanner wurde die italienische Nationalflagge.

◼ SEHENSWERTES ◼

GALLERIA PARMEGGIANI

Eklektische Sammlung des Kunst-, Design- und Antiquitätenfreunds Luigi Parmeggiani (1860–1931). *Di bis Fr 9–12, Sa/So 10–13 und 16–19 Uhr | Corso Cairoli 1*

MUSEI CIVICI

Die sehenswerten *Raccolte di Preistoria, Protostoria e Archeologia Romana* zeigen u. a. schöne etruskische Grabbeigaben aus der Gegend um Reggio und eine berühmte <mark>steinzeitliche Venusfigur;</mark> außerdem Gemälde, Naturwissenschaftliches und vieles mehr. *Tgl. 9–12, Sa/So auch 16–19 Uhr | Via Spallanzani*

PALAZZO MAGNANI
Das Stadtpalais mit ▶▶ Café beherbergt anspruchsvolle Ausstellungen zu zeitgenössischer Kunst. *Di–So 10 bis 13 und 15–19 Uhr | Corso Garibaldi 29 | www.palazzomagnani.it*

SPAZIO GERRA
Das neue Ausstellungszentrum *Centro per la Fotografia e l'Immagine Contemporanea* für zeitgenössische Fotografie. *Bei Ausstellungen Di–Fr 18–23, Sa/So 10–23 Uhr | Piazza XXV Aprile*

■ ESSEN & TRINKEN ■
CAFFÈ ARTI E MESTIERI ▶▶
Speisetreff der Szenegänger hinter der Max-Mara-Boutique, auch wegen des herrlich grünen Innenhofs. *So/Mo geschl. | Via Emilia San Pietro 16 | Tel. 05 22 43 22 02 | €€–€€€*

RISTORANTE DELLE NOTARIE
Gediegene Bürgertafel in einem Altstadthotel; erfreulich preiswertes Lunchmenü. *So geschl. | Via Aschieri 4 | Tel. 05 22 45 37 00 | €–€€*

■ EINKAUFEN ■
Max Mara, Reggios berühmte Modemarke, finden Sie in der *Via Emilia San Pietro,* an der ein Modegeschäft neben dem anderen liegt. Eine weitere lebhafte Einkaufsstraße ist die *Via Corridori.* In den Boutiquen des *Vicolo Trivelli* werden junge Leute

fündig. Schinkenläden im *Broletto* und an der *Piazza San Prospero.*

■ ÜBERNACHTEN ■
HOTEL MORANDI 🛜
Im Osten der Altstadt, frisch, heiter, mit Internet und Fahrrädern. *21 Zi. | Via Emilia San Pietro 64 | Tel. 05 22 45 43 97 | Fax 05 22 45 25 70 | www.albergomorandi.it | €–€€*

HOTEL POSTA 🛜
Einst Sitz des Capitano del Popolo und Wohnpalast eines Este-Fürsten, heute ein hochelegantes Stadthotel. *42 Zi. | Piazza del Monte 2 | Tel. 05 22 43 29 44 | Fax 05 22 45 26 02 | www.hotelposta.re.it | €€€*

■ AM ABEND ■
MAFFIA ▶▶
Der Klassiker unter den emilianischen Rockclubs, nur am Wochenende geöffnet. *Viale Ramazzini 33 | www.myspace.com/maffiaclub*

TEATRO ROMOLO VALLI
Theater und hochkarätiges Konzert- und Tanzprogramm. *Piazza dei Martiri del 7 Luglio | Tel. 05 22 45 88 11 | www.iteatri.re.it*

■ AUSKUNFT ■
Via Farini 1 a | Tel. 05 22 45 11 52 | Fax 05 22 43 67 39 | www.municipio.re.it/IAT

■ ZIEL IN DER UMGEBUNG ■
CANOSSA UND
APENNIN ⭐   [115 D–E 3–4]
Auf einem Ausflug in die schöne Hügellandschaft südlich von Reggio gelangen Sie zu stattlichen Burganlagen – oder dem, was von ihnen übrig

geblieben ist. Mit einem solchen Ausflug begeben Sie sich zugleich auf die Suche nach Spuren der Herrschaft von Matilde von Canossa über den Apennin im Mittelalter: In *Quattro Castella* mit seinen vier Burghügeln – einer hat noch sein Kastell – findet am letzten Wochenende im

9–16.30 Uhr | www.matildedicanossa.it, www.castellireggiani.it) 32 km südwestlich hoch auf einem Fels ist fast alles, was von der Burg erhalten blieb, in der Papst Gregor VII. den bußbereiten Heinrich IV. vom Kirchenbann erlöste und in der beide zu Gast bei Gräfin Matilde waren.

Gemälde und Skulpturen, Archäologie und Naturwissenschaft: die Musei Civici in Reggio

Mai ein Ritterfest zu Ehren Matildes statt. Hier im Ortsteil Roncolo liegt auch der stattliche Weinhof *Tenuta Venturini Baldini (Mo–Fr 8–12 und 14–18, Sa 9–12 Uhr | Via Turati 42 | Tel. 05 22 24 90 11 | www.venturini baldini.it)* mit gutem Lambrusco und edlem traditionellem Balsamessig.

Die herbe Ruinenmauer des ❄ *Castello di Canossa (Juni–Sept. Di bis So 9–12.30 und 15–19, Okt.–Mai*

Auf dem Weg Richtung *Castelnovo ne' Monti,* einem lebhaften Bergferienort knapp 50 km südwestlich, kommen Sie zur grandiosen Burganlage *Castello di Carpineti* der Gräfin von Canossa. Jenseits von Castelnovo ne' Monti erhebt sich der bizarre Kalkfelsblock ❄ *Pietra di Bismantova,* das Wahrzeichen des Reggianer Apennins und unter Kletterern sehr beliebt.

> DIE UNIVERSITÄTSSTADT AN DER VIA EMILIA

Inmitten der genussfreudigsten Region Italiens liegt
ihre Hauptstadt, bewohnt von lebenslustigen und klugen Bürgern

**KARTE IN DER HINTEREN
UMSCHLAGKLAPPE**

> [116 B3] Vielleicht sind es die Farben,
die den nachhaltigsten Eindruck hinter-
lassen: die ==matten Verputzfarben in allen
Rot-, Gelb- und Brauntönen,== Erd-, Sand-,
Terrakottafarben, Ziegel, die mitunter al-
gengrün oder violett schimmern.

In der Sonne leuchtet die Stadt
orange, im Winterdunst scheint sie
aus versteinertem Lehm zu bestehen.
Und durch die Arkadenbögen, die

sich über die Bürgersteige wölben,
fällt das Wechselspiel aus Licht und
Schatten. Die Bogengänge geleiten
einen durch die Stadt, mal mittelal-
terlich geduckt durch verwinkeltes
Gassengewirr, mal festlich hoch und
elegant gewölbt in scheinbar endlo-
ser Reihe, vorbei an edlen Boutiquen
und üppigen kulinarischen Auslagen,
an nach Espresso duftenden Bars und
an den Ehrfurcht einflößenden Portalen der Palazzi, wo sich hinter kunst-

Bild: San Giacomo Maggiore

BOLOGNA

vollem Schmiedeeisen kleine Gärten öffnen; mal sind sie auch nur auf eine Hofwand gemalt, denn im 17./18. Jh. wurden in der engen Stadt ==imaginäre Trompe-l'Œil-Landschaften== regelrecht Mode.

90 00 Studenten zählt die altehrwürdige Alma Mater, hervorgegangen aus der allerersten Rechtsschule von 1088 und damit die älteste Universität Europas. Die Stadt ehrte ihre ersten Rechtslehrer mit aufwendigen Grabmälern, heute noch zu sehen bei den Kirchen San Domenico und San Francesco. Am Abend ziehen die jungen Leute durch die Straßen der Innenstadt, füllen die Pubs und *wine bars* oder hören Musik in alternativen Kulturzentren.

Immer wieder hat Bologna Geschichte geschrieben, so beispielsweise im mittelalterlichen Kampf der Stadtrepubliken Norditaliens um ihre Unabhängigkeit von den Ansprüchen

Insider Tipp

der deutsch-römischen Kaiser, als Bologna am 26. Mai 1249 die entscheidende Schlacht gegen den Staufer Friedrich II. gewann.

Mehr als 37 km Arkaden: In Bologna können Sie bei jedem Wetter bummeln

Ab dem 14. Jh. geriet die Stadt, innerlich durch die Spannungen unter ihren großen Adelsfamilien zerrissen, zunehmend unter den Einfluss des Papstes, um ab 1506 definitiv zum Kirchenstaat zu gehören und damit nach Rom zur wichtigsten Papststadt in Italien zu werden. Ein Erbe aus dieser Zeit sind die vielen Kloster- und Hospitalanlagen; heute werden sie zum Teil von der Universität oder als Museen genutzt.

Als Zentrum der großen Landbesitzerfamilien der Poebene wurde Bologna in den Zwanzigerjahren des 20. Jhs. zum Schauplatz faschistischen Terrors gegen die starken sozialistischen Landarbeiterorganisationen in der Provinz. In der Nachkriegszeit die „rote" Musterstadt, wurde Bologna am 2. August 1980 durch ein Bombenattentat Rechtsextremer erschüttert: 84 Menschen wurden getötet, der Bahnhof zerstört. Aber all das kann die freundliche Lebenslust der 380 000 Bologneser nicht auf Dauer trüben.

■ SEHENSWERTES ■

ARCHIGINNASIO

Unter eleganten Arkaden bei der Piazza Maggiore betritt man den Innenhof des Archiginnasio, von 1563 bis 1803 der erste feste Sitz der Universität (vorher waren die Studiengruppen über die Stadt verteilt). Die Wände sind über und über mit alten Wappen bedeckt, Familienwappen der Professoren und der Studenten aus ganz Europa. Im Innern sind die überreiche Stadtbibliothek mit sehenswertem Lesesaal, die alte *Aula Magna dello Stabat Mater* und das *Teatro Anatomico* untergebracht, ein anatomischer Vorlesungssaal von 1637 (1944 zerbombt und rekonstruiert). *Mo–Sa 9–13 Uhr | Piazza Galvani 1*

ARKADEN ★

Genau 37,882 km Bogengänge überdachen die Bürgersteige der Straßen, die sich durch die Bologneser Altstadt ziehen, die berühmten *Portici di*

Bologna. Im Mittelalter kamen sie auf, als Anbauten zur Schaffung neuen Wohnraums, als Werkstätten und Märkte, zum Schutz vor Regen und Sonne. Schließlich wurden sie bis hinein ins 17. Jh. zur Bauvorschrift für ein einheitliches Straßenbild. Bei Nr. 19 der Strada Maggiore finden Sie auch den letzten mittelalterlichen Holzportikus. Hinzu kommt der 3,8 km lange ❀ *Portico di San Luca,* der am Stadttor Porta Saragozza beginnt und den Hügel hinaufführt bis zur mächtigen ❀ Wallfahrtskirche *San Luca* aus dem 18. Jh. 666 Bögen zählt dieser Pilgerweg – heute auch eine beliebte Jogging- und Spazierstrecke mit herrlichen Ausblicken auf die Stadt. Im Zentrum stauen sich allerdings unter den Arkaden leider oft die Autoabgase.

GHETTO EBRAICO

Im Zentrum unterhalb der zwei Türme erstreckt sich zwischen Via Zamboni und Via Oberdan ein verwinkeltes Viertel mit engen Zugängen, in dem im 16. Jh. die Juden lebten (interessantes *Museo Ebraico | So bis Do 10–18, Fr 10–16 Uhr | Via Valdonica 1/5 | www.museoebraicobo.it*). In jüngster Zeit wurde es als gemütliches Stadtviertel entdeckt und an vielen Stellen restauriert. *Via dell'Inferno/Via Valdonica*

MAMBO

Ausstellungen zu zeitgenössischer Kunst in einer alten, aufwendig restaurierten Brotfabrik und szeniger Aperitiftreff im ▶▶ Museumscafé. *Di/Mi und Fr–So 10–18, Do 10–22 Uhr | Via Don Minzoni 14 | www.mambo-bologna.org*

MUSEI UNIVERSITARI

Im Hauptsitz der altehrwürdigen Universität, dem *Palazzo Poggi,* sind die zahlreichen wissenschaftlichen Museen untergebracht, darunter besonders empfehlenswert die eindrucksvollen Wachsmodelle für den *Insider Tipp*

MARCO POLO HIGHLIGHTS

★ **Museo Morandi**
Der geniale Porträtist Bolognas (Seite 60)

★ **Dozza**
Bemalte Häuser und eine tolle Weinsammlung (Seite 66)

★ **Reliefplatten für die Gräber der Professoren**
In Stein gemeißeltes mittelalterliches Universitätsleben (Seite 60)

★ **Compianto del Cristo morto**
Ergreifende Terrakottafiguren in Santa Maria della Vita (Seite 62)

★ **Santo Stefano**
Stimmungsvoller Komplex aus sieben Kirchen (Seite 63)

★ **Pinacoteca Nazionale**
Sinnliche emilianische Malschule (Seite 62)

★ **Arkaden**
Effektvoll überdachte Bürgersteige (Seite 58)

★ **Buriani dal 1967**
Exzellente Regionalküche in Pieve di Cento (Seite 66)

einstigen Anatomieunterricht im *Museo di Anatomia Umana Normale. Di–Fr 10–13 und 14–16, Sa/So 10.30 bis 13.30 und 14.30–17.30 Uhr | Via Zamboni 33*

MUSEO CIVICO ARCHEOLOGICO

Hier beeindrucken die Funde aus Bolognas Frühgeschichte, der Villanova- und der Etruskerkultur. *Di–Fr 9–15, Sa/So 10–18.30 Uhr | Via dell'Archiginnasio 2 | www.comune.bologna.it/museoarcheologico*

MUSEO CIVICO MEDIEVALE

Im *Palazzo Fava-Ghisilardi* (15. Jh.) zeigen die ⭐ Reliefplatten für die Gräber der Professoren der Universität aus dem 14.–17. Jh. anschauliche Szenen aus dem Lehralltag. *Di–Fr 9*

›LOW BUDGET

bis 15, Sa/So 10–18.30 Uhr | Via Manzoni 4

MUSEO PER LA MEMORIA DI USTICA `Inside Tip!`

In einem alten Busdepot die ergreifende Installation des großen Pariser Künstlers Christian Boltanski in Erinnerung an den nie geklärten Abschuss eines Bologneser Passagierflugzeugs über der Insel Ustica 1980 mit 81 Toten. *Sa/So 10–18 Uhr | Via di Saliceto 5*

MUSEO MORANDI ⭐

Im zweiten Stock des Rathauses *Palazzo d'Accursio:* das Atelier und die stillen, meditativen Bilder eines der ganz großen Maler Italiens des 20. Jhs., Giorgio Morandi (1890–1964) aus Bologna. Seine Arbeiten sind auch ein faszinierendes Beispiel dafür, wie ein Künstler durch Farben die Atmosphäre seiner Stadt einfängt. *Di–Fr 9–15, Sa/So 10–18.30 Uhr | Piazza Maggiore | www.museomorandi.it*

PALAZZO PEPOLI CAMPOGRANDE

Die prachtvoll ausgemalten Säle dieses Palasts und die reiche Bildersammlung geben Einblick in den einstigen Lebensstil der großen Senatorenfamilien Bolognas. *Di/Mi 9 bis 13, Do, Fr, So 15–19, Sa 9–19 Uhr | Via Castiglione 7*

PIAZZA MAGGIORE

Der große, quadratische Platz ist das Herz Bolognas. Ihn beherrscht die halb fertige Fassade der imposanten Basilika *San Petronio* – halb aus weißem Stein aus Istrien und rosa Marmor aus Verona, halb aus rohen Backsteinziegeln. Dem Schutzpatron

San Petronio gewidmet, sollte sie nach dem Wunsch der Stadtväter das größte christliche Gotteshaus werden. Von 1390 an arbeitete man an dem Bau, bis der Papst dem Größenwahn Einhalt gebot. Das mittige Hauptportal fassen Skulpturreliefs (1438) des berühmten Jacopo della Quercia ein. Im strengen gotischen Inneren ist der Meridian auf dem Fußboden im linken Seitenschiff sehenswert, außerdem die 1415 von Giovanni da Modena mit schauerlichen Höllenszenen ausgemalte vierte linke Seitenkapelle.

Die rechte Seite der Piazza nimmt das Rathaus *Palazzo d'Accursio* ein, im 15. Jh. fast wie eine Burganlage gestaltet. Die Terrakotta-Muttergottes (1478) auf der Fassade stammt von Niccolò dell'Arca. Durch den Innenhof gelangt man über eine herrschaftliche Kutschenauffahrt hinauf in den ersten Stock zur von Ludovico Carracci mit Fresken ausgemalten *Sala d'Ercole.* Im zweiten Stock befinden sich das *Museo Morandi (s. separater Eintrag)* und die hochherrschaftlichen Wohngemächer des einstigen päpstlichen Legaten mit der sehenswerten *städtischen Gemäldesammlung (Di–Fr 9–15, Sa/So 10 bis 18.30 Uhr).*

Unter den Arkaden der östlichen Platzflanke, *Logge del Pavaglione* genannt, bummeln die Bologneser an eleganten Schuh- und Stoffgeschäften vorbei bis zum angesagtesten Café Bolognas, dem ▶▶ *Zanarini* an der Piazza Galvani. Die kleinen Seitengassen verwandeln sich werktäglich in einen lebhaften Gemüsemarkt *(Mo bis Sa 8–13 Uhr, einige Stände auch nachmittags).*

PIAZZA NETTUNO UND PALAZZO RE ENZO

An die Piazza Maggiore schließt sich die *Piazza Nettuno* mit dem stattli-

Muskelbepackt: Meeresgott Neptun mit seinem Dreizack auf der Piazza Nettuno

chen Neptunbrunnen an, ein Meisterwerk des Manierismus und sehr viril. Gegenüber erhebt sich der *Palazzo Re Enzo.* In diesem Palast, der heute als Ausstellungszentrum genutzt wird, saß König Enzo, der Sohn

Friedrichs II., vom August 1249 bis zu seinem Tod im März 1271 gefangen wie in einem goldenen Käfig, umgeben von Luxus, Literaten und schönen Frauen. Auf der anderen Seite des Brunnens geht es in die *Stadtbibliothek* in der *Sala Borsa,* der ehemaligen Börse mit schönem Jugendstilsaal.

PINACOTECA NAZIONALE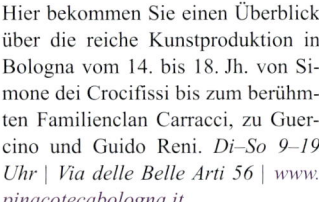

Hier bekommen Sie einen Überblick über die reiche Kunstproduktion in Bologna vom 14. bis 18. Jh. von Simone dei Crocifissi bis zum berühmten Familienclan Carracci, zu Guercino und Guido Reni. *Di–So 9–19 Uhr | Via delle Belle Arti 56 | www. pinacotecabologna.it*

RACCOLTA LERCARO

Eindrucksvoll, was Kardinal Lercaro an hochkarätiger Bildhauerkunst – von Giacomo Manzù, Alberto Giacometti, Henry Moore, Max Ernst und vielen mehr – zusammengetragen hat. *Öffnungszeiten 2009 bei Redaktionsschluss noch nicht festgelegt | Via Riva di Reno 57*

SAN DOMENICO

San Domenico, der Ordensgründer der Dominikaner, liegt in dieser stattlichen Kirche (13./18. Jh.) begraben. An seinem eindrucksvollen Sarkophag haben Großmeister wie Nicola Pisano, Niccolò dell'Arca und Michelangelo mitgewirkt. *Piazza San Domenico*

SAN PIETRO

In der grandiosen barock-klassizistischen Kathedrale Bolognas gibt es ebenfalls eine Terrakottagruppe zu entdecken, 1522 von Alfonso Lombardi geschaffen, vielleicht nicht ganz so schön wie die berühmtere Beweinung Christi in Santa Maria della Vita. *Via Indipendenza*

SANTA MARIA DELLA VITA

In dieser Kirche in der Via Clavature, einer lebhaften Einkaufsgasse, die von der Piazza Maggiore abzweigt, können Sie die wohl schönste der für die Emilia typischen Terrakottagruppen bewundern, sieben lebensgroße, ausdrucksstarke Figuren, *Compianto del Cristo morto,* die Beweinung Christi, von Niccolò dell'Arca

> MUSIKSTADT BOLOGNA
Unesco-Prädikat: città creativa di musica

Bolognas führende Rolle in Sachen Musik begann einst mit Kirchenkapellen und Kantoreien, setzte sich fort mit Konservatorium und Opernhaus von Spitzenqualität und hält an mit dem Studiengang DAMS zu neuer Musik und Theater sowie hochkarätigen Konzerten zu Klassik, Avantgardemusik und Jazz. Juwelen für Musikfreunde sind das *Museo Internazionale della Musica* *(Palazzo Sanguinetti, Strada Maggiore 34 | Di–Do 10–13.30, Fr–So 10–17 Uhr | www.museomusicabologna.it)* mit alten Instrumenten und handschriftlichen Notenblättern berühmter Komponisten sowie das von Stardirigent Claudio Abbado gegründete Mozart-Orchester *(www.orchestramozart.com)* aus jungen Musikern mit regelmäßigen Konzerten im *Teatro Manzoni (Via de' Monari 1).*

Insider Tipp

Bolognas schiefe Türme: Torre Asinelli und Torre Garisenda machen Pisa Konkurrenz

(1465). *Mo–Sa 10–18, So 16.30–18 Uhr | Via Clavature 10*

SANTO STEFANO ★

Anstelle eines römisch-heidnischen Isistempels ließ Bischof Petronio im 5. Jh. die Taufkapelle mit dem *Santo Sepolcro* errichten, einer Nachbildung des Heiligen Grabmals Christi in Jerusalem (heutige Gestalt aus dem 13. Jh.). Aus langobardischer Zeit (8. Jh.) stammt die zentrale Basilika. 983 kamen die Benediktiner und richteten hier ihr Kloster ein. Ein romanisches Kirchlein ist den beiden frühchristlichen Märtyrern Bolognas, Vitale und Agricola, gewidmet. Durch den *Cortile di Pilato* mit einem langobardischen Taufbecken und kunstvollen Ziegelsteinmustern gelangt man in die kleine Kirche *Trinità* mit der Holzfigurengruppe „Anbetung der Heiligen Drei Könige" von Simone dei Crocifissi aus dem 14. Jh. Das Ganze ist ein geheimnisvolles Labyrinth 2000-jähriger Religionsgeschichte. *Mo–Sa 9–12 und 15.30–18, So 9–13 und 15.30–18.30 Uhr | Via Santo Stefano*

TORRE ASINELLI UND TORRE GARISENDA

Im Mittelalter ragten mehr als 100 Türme – Zuflucht, Wehrtürme, Machtsymbole der großen Familien – über die Dächer der Stadt. Ihr Wahrzeichen sind diese beiden weithin sichtbaren Türme aus dem 12. Jh., ein kurzer, stämmiger und ein hoher, schlanker, die sich einander bedenklich zuneigen: die *Torre Garisenda,* 48 m hoch mit 3,22 m Schieflage, und die 97 m hohe ☀ *Torre Asinelli* (2,20 m Schieflage). Letztere können Sie über 498 Treppenstufen besteigen und werden dann mit einer phantastischen Sicht belohnt. *Tgl. 9 bis 18 Uhr | Piazza Porta Ravegnana*

VIA ZAMBONI

An den beiden Türmen beginnt die Straße, an der sich in alten Adelspalästen aus dem 16./17. Jh. und unter düsteren Arkaden die Universitätsinstitute aneinanderreihen, aufgelockert durch Cafés und Pubs. An die reich ausgestattete Kirche *San Giacomo Maggiore* schließt das *Oratorium Santa Cecilia* aus dem 15. Jh. mit interessantem Freskenschmuck an. Die alternative Studentenszene trifft sich an der ▶▶ *Piazza Verdi.*

▬ ESSEN & TRINKEN ▬
CAMINETTO D'ORO

Gemütlich-elegantes Restaurant im Zentrum mit exzellenter Lokalküche. Klein, abends reservieren! *Di-Abend und Mi geschl. | Via de' Falegnami 4 | Tel. 051 26 34 94 | €€–€€€*

CASA MONICA
Urbane Lässigkeit und einfallsreiche Küche. *So geschl.* | *Via San Rocco 16* | *Tel. 051 52 25 22* | €€

 ### IL GELATAURO
Eine besonders gute Eisdiele. *Di–So 8 bis 24, Mo 8–20 Uhr* | *Via San Vitale 98 b* | *www.gelatauro.com*

DA GIANNI
In einer Seitengasse nahe der Piazza Maggiore die echte Küche Bolognas. *So-Abend und Mo geschl.* | *Via Clavature 18* | *Tel. 051 22 94 34* | €€

PANE E PANELLE
Lockere, nette Trattoria mit sizilianischer Fischküche. *Sa-Mittag, So und Mo geschl.* | *Via San Vitale 71* | *Tel. 051 27 04 40* | €–€€

OSTERIA SAN PIETRO
Rustikale Idylle in den ersten Hügeln vor der Stadt, die klassische Ausflugstrattoria. *Mo/Di und außer So mittags geschl.* | *Via San Pietro 35* | *Ozzano dell'Emilia* | *Tel. 051 79 60 03* | *www.osteriasanpietro.it* | €–€€

 ### SCACCO MATTO
Kleines Restaurant mit delikater Küche des Südens – das Lieblingslokal der Autorin dieses Bandes. *Mo-Mittag geschl.* | *Via Broccaindosso 63 b* | *Tel. 051 26 34 04* | €€

 ### OSTERIA DEL SOLE
Seit 700 Jahren Weinausschank, schummrig an Holztischen, im Marktviertel. Sein Essen darf man sich mitbringen. Eine Institution. *Mo–Sa 11.30–14 und 19.30–20.45 Uhr* | *Vicolo Ranocchi 1 d*

■ EINKAUFEN ■
In der *Via San Felice, Via Indipendenza, Via Santo Stefano* und *Via San Vitale* ebenso wie an anderen Straßen im Zentrum reihen sich u. a. Schuh-, Bekleidungs- und Haushaltsgeschäfte aneinander. In der *Galleria Cavour (Eingänge Via de' Foscherari und Via Farini)* finden Sie die großen italienischen Modemarken. Die üppigste Lebensmittelmarkthalle im Zentrum steht in der *Via Ugo Bassi;* im sogenannten Fressviertel östlich der Piazza Maggiore finden Sie zwei wahre Tempel des Schlemmens: die alte Bäckerei *Atti* sowie das Delikatessenimperium *Tamburini* mit Mittagstisch und *wine bar (beide Via Caprarie).*

■ ÜBERNACHTEN ■
ARCOVEGGIO 🔊
Freundlich geführtes Hotel in einem ruhigen Garten nördlich des Bahnhofs. *20 Zi.* | *Via Spada 27* | *Tel./Fax 051 35 54 36* | *arcoveggiohotel.ho telsbologna.it* | €–€€

BED & BREAKFAST
Immer mehr Bologneser bieten nette B-&-B-Übernachtungen an, eine Alternative zu den teuren Messehotels, zu finden auf der Website des Touristenbüros oder auf *www.abbbo.it* und *www.bedandbreakfastasppi.it* | €–€€

IL CONVENTO DEI FIORI DI SETA 🔊
Die Hotelhalle ist eine ehemalige Klosterkirche in einer Altstadtgasse; dazu gehören acht schicke Zimmer und eine beliebte Aperitifbar. *Via Orfeo 34/4* | *Tel. 051 27 20 39* | *Fax 05 12 75 90 01* | *www.silkflowersnun nery.com* | €€–€€€

I PORTICI

Schickes neues Hotel in altem Palazzo mit einem historischen Theater. *86 Zi. | Via Indipendenza 69 | Tel. 05 14 21 85 | Fax 05 14 21 85 50 | €€ – €€€*

AM ABEND

Man beginnt mit der Happy Hour bzw. dem Aperitif in den Gassen an der Piazza Maggiore: in den Bars in

CANTINA BENTIVOGLIO

Leckere Kleinigkeiten, gute Weine und hervorragende Jazzmusik, auch live, bis spätabends. Seit Jahrzehnten eine feste Adresse in Bolognas Nachtleben. *Mo geschl. | Via Mascarella 4 b*

CINETECA ▶▶

Renommiertes Filmzentrum mit Bibliothek, Filmrestaurierung, Ausstel-

Ein Dauerbrenner für Bolognas Jazzfans und Weinfreunde ist die Cantina Bentivoglio

Via Clavature oder unter den Arkaden der *Via de' Musei* und weiter an der *Piazza Santo Stefano*. Straßen mit Pubs und *wine bars* sind *Via delle Moline/Via Augusto Righi, Via Mascarella* und vor allem *Via del Pratello*. Im Sommer ein reiches Veranstaltungsprogramm auf Plätzen und in Innenhöfen.

lungen *(Via Riva di Reno 72)* und exzellentem Programmkino *(Via Azzo Gardino 65). www.cinetecadibologna.it*

TEATRO COMUNALE

Anspruchsvolle Operninszenierungen. *Piazza Verdi | Tel. 051 52 90 11 | www.comunalebologna.it*

Piazza Maggiore 1 | am Bahnhof und am Flughafen | Tel. 051 23 96 60 | Fax 05 16 47 22 53 | iat.comune.bo logna.it

Kunst am Bau: Wandbild in Dozza

■ **ZIELE IN DER UMGEBUNG** ■

CENTO UND PIEVE DI CENTO [116 B2]

Richtung Ferrara gelangt man 35 km nördlich von Bologna zu zwei besonders angenehmen Provinzstädtchen.

Pieve di Cento nimmt mit seinem mittelalterlichen Zentrum für sich ein und dem besonders guten Restaurant ★ *Buriani dal 1967 (Di/Mi geschl. | Via Provinciale 2 a | Tel. 051 97 51 77 | www.ristoranteburia ni.com | €€ – €€€).* Eine nahezu enzyklopädische Sammlung moderner italienischer Kunst bietet das in einem ehemaligen Industriekomplex untergebrachte Museum des Sammlers Giulio Bargellini: *Museo d'Arte delle Generazioni Italiane del '900* Insider Tipp *(tgl. 10–18 Uhr | www.museobargel lini.com | Via Rusticana 1).*

Nur 2,5 km weiter, schon in der Provinz Ferrara, liegt *Cento* mit zahlreichen stattlichen Palazzi. In der *Pinacoteca Civica* im *Palazzo del Monte di Pietà* hängen Werke des berühmten Guercino (1591–1666), Sohn Centos *(Di–So 9.30–12.30 und 14.30–19 Uhr).*

CORNO ALLE SCALE [115 F5–6]

80 km von Bologna entfernt liegt das weitläufigste Skigebiet des emilianischen Apennins. Immerhin erreicht der höchste Gipfel, der Corno alle Scale, 1945 m. Im Sommer ist es ein beliebtes Wandergebiet mit gut organisierten Berghütten. Unterkünfte bieten Bergferienorte wie *Vidiciatico* und das herrlich gelegene *Lizzano in Belvedere.*

DOZZA ★ ☀ [116 C4]

Das im ganz wörtlichen Sinn malerische Städtchen (5000 Ew.) in den Hügeln 25 km südöstlich der Via Emilia Richtung Adriaküste ist berühmt für seine von Künstlern bunt und immer wieder neu bemalten Häuserwände *(www.murodipinto.it, nächster Termin 2009).* In den Sälen seiner schönen Burganlage ist die Innenausstattung zu sehen, dazu weitere Werke der *murales*-Künstler *(Sommer Di–Sa 10–12.30 und 15 bis 18.30, So 10–13 und 15–19.30, Winter Di–Sa 10–12.30 und 14.30–17, So 10–13 und 14.30–18 Uhr).* In den Kellergewölben bekommt man in der *Enoteca Regionale* die besten Weine der Region.

IMOLA [116 C4]

Der Weg nach Imola, an der schnurgeraden Via Emilia Richtung Adria gelegen und Formel-1-Fans wegen seiner Rennstrecke ein Begriff, führt durch den Thermalkurort *Castel San Pietro.* Hier verläuft die Grenze zwischen der keltisch-langobardischen Schweinefleischküche der Emilia und der byzantinisch geprägten Schafkultur der Romagna. In den Hügeln des Apennins über dem Sillarotal lassen Schafzüchter ihre Herden weiden. Von hier kommt ein guter Pecorinokäse.

Imola (35 km südöstlich von Bologna, 63 000 Ew.), schon zur Römerzeit ein wichtiger Standort, wartet mit einem stattlichen Zentrum, Palazzi und Pinakothek auf, vor allem aber mit der schönsten Festungsanlage in der Romagna, der *Rocca (Sa 9–12 und 15–19, So 15–19 Uhr)* aus dem 11.–15. Jh. Sie hat eine reiche historische Waffen- und Keramiksammlung zu bieten, und im Innenhof gibt es im Sommer beliebte Konzerte. Von der Organisation Slow Food empfohlen wird die *Osteria Vicolo Nuovo da Ambra e Rosa (So/Mo geschl. | Via Codronchi 6 | Tel. 054 23 25 52 | €€).*

Von Imola gelangt man durch das Santernotal in den Apennin, über Borgo Tossignano hinauf nach *Castel del Rio* mit seiner mittelalterlich gebuckelten Teufelsbrücke und seinen weiten Kastanienwäldern, aus denen die besten Esskastanien Italiens kommen. Hier können Sie in dem sympathischen Hotel *Al Gallo (30 Zi. | Piazza Repubblica 28/29 | Tel. 054 29 59 24 | www.galloegalletto.it | €–€€)* übernachten und vorzüglich speisen.

MARZABOTTO [116 A4]

20 km südlich von Bologna in einer Parkanlage oberhalb der Ortschaft mit Blick auf die Mergelfalten des Apennins liegen die Reste von *Misa,* wie man die einst größte etruskische Stadt Norditaliens nennt (Ausgrabungen im Ortsteil *Pian di Misano | tgl. 8 Uhr–Sonnenuntergang, Museo Pompeo Aria tgl. 9–13 und 15 bis 18.30 Uhr).* An ein Massaker 1944, als SS-Männer als Vergeltungsmaßnahme für Partisanenangriffe fast 800 Menschen der Landbevölkerung erschossen, erinnert eine Art Gedenkwanderung (siehe Kapitel „Ausflüge & Touren") zu den Orten des Geschehens, *Memoriale* genannt, im 63 km^2 großen Naturschutzgebiet *Parco Storico di Monte Sole.*

PARCO REGIONALE GESSI BOLOGNESI E CALANCHI DELL'ABBADESSA [116 B3]

In diesem naturgeschützten Ausflugs- und Wandergebiet 5 km südlich vom Vorort San Lazzaro di Savena beeindruckt die Apenninlandschaft mit ihren Erosionsfalten, ihren Mergel- und Kreideschichten.

> ÜBER DIE HÜGEL HINAB AN DEN STRAND

Keramik in Faenza und mittelalterliche Dörfer im Hinterland Riminis

> Die Adriaküste der Romagna mit ihrer ununterbrochenen Kette von Badeorten von Cattolica im Süden bis hinauf nach Milano Marittima und weiter Richtung Podelta steht für Strand, Sport, Wellness, für Diskos und Beachpartys. Der MARCO POLO Band „Italienische Adria" berichtet ausführlich über die Badeorte.

Als Kontrastprogramm dazu lädt der Apennin zu Ausflügen ein, durch Hügellandschaft bis hinauf in die dichten Wälder des zum Nationalpark erklärten Höhenzugs Casentino, den sich die Romagna mit der Toskana teilt. Oberhalb Riminis erhebt sich auf steilem Fels die Republik San Marino, ein beliebtes Ausflugsziel.

RIMINI

[117 E5] Die *movida romagnola*, das pralle sommerliche Nachtleben, ballt sich an der Küstenstraße Lungomare längs des zentralen Stadtstrands Marina Centro. Auf

Bild: Burg in San Marino

APENNIN UND ADRIA

dieser Promenade wimmelt es allabendlich von jungen Leuten, die in Trauben vor den Trendlokalen stehen, ihre Cocktails zur Happy Hour schlürfen und sich für den Diskobesuch verabreden. Den Lungomare akzentuiert das grüne Rondell Piazzale Federico Fellini, an dem sich prachtvoll das Grand Hotel im Jugendstil erhebt, das der große Regisseur Fellini, der von der hiesigen Küste stammt, in „Amarcord" zum Inbe-

griff nostalgischer Adriasommerfrische und zum Wahrzeichen Riminis machte. Um seine Hotels auch außerhalb der Sommersaison zu nutzen, hat Rimini (130 000 Ew.) einen lebhaften Kongresstourismus entwickelt.

■ SEHENSWERTES ■

CASTEL SISMONDO

An der Piazza Malatesta erhebt sich diese mächtige Burg. Unter Sigismondo Malatesta erblühte Rimini im

15. Jh. zu einem Renaissancehof. Wechselausstellungen antiker und zeitgenössischer Kunst.

RÖMISCHE SPUREN

Aus Riminis Zeit als antike Römerstadt sind der mächtige *Arco d'Augusto,* der Triumphbogen des Augustus von 27 v. Chr., sowie der *Ponte di Tiberio,* die heute noch genutzte Tiberiusbrücke, übrig geblieben.

gismondo-Fresko. *Tgl. 9.30–12.15 und 15.30–18.30 Uhr | Via IV Novembre*

■ ESSEN & TRINKEN ■
LA CUCINA DEI TEATINI

Im Zentrum serviert dieses schön gestylte Lokal originelle Fleisch- und Gemüsegerichte. *So geschl. | Piazzetta Teatini 3 | Tel. 054 12 80 08 | €–€€*

Auch architektonisch faszinierend: der fünfbogige Ponte di Tiberio aus römischer Zeit

TEMPIO MALATESTIANO

Dieser Renaissancetempel steht für hochkarätige Künstler, die im Auftrag von Sigismondo Malatesta arbeiteten. Baumeister Leon Battista Alberti gab der alten gotischen Kirche *San Francesco* ihre nie vollendete antik-klassische Gestalt aus weißem istrischem Stein. Piero della Francesca malte in der zweiten rechten Seitenkapelle das berühmte Si-

GUIDO L'OSTERIA DEL MARE

Am Strand im Ortsteil Miramare *die* Adresse für feine Fischküche. *Mo geschl. | Lungomare Spadari 12 | Tel. 05 41 37 46 12 | €€€*

DALLA IOLE

Morgens Cappuccinobar, abends Treffpunkt für den besonderen Imbiss: erstklassige Käse und Schinken sowie kleine Fischspezialitäten zu ausgewählten Weinen und Bieren. *April–Mitte Okt. tgl. | Via Destra del Porto 2 b | €€*

ÜBERNACHTEN

DE LONDRES 🔊
Eines der eleganten Traditionshotels aus der Zeit der Sommerfrische am Meer, mit neuem Spabereich und ganzjährig geöffnet. *49 Zi. | Viale Vespucci 24 | Tel. 054 15 01 14 | Fax 054 15 01 68 | www.hoteldelondres.it | €€–€€€*

VILLA ADRIATICA 🔊
Renovierte Villa in schattigem Garten mit Pool, zentral in Marina Centro gelegen. *79 Zi. | Viale Vespucci 3 | Tel. 054 15 45 99 | Fax 054 12 69 62 | www.villaadriatica.it | €€*

FREIZEIT & STRÄNDE
Von den 130 km Strand der romagnolischen Küste entfallen 15 km auf Rimini. Viele Strandbäder begnügen sich nicht mehr mit Liegestühlen und Tischtennis, sondern sind mit hypermodernen Fitnessanlagen ausgestattet und bieten ein reiches Sportprogramm an.

AM ABEND
Man beginnt den Abend mit dem Aperitif in der zum Bummel einladenden Altstadt um den historischen Fischmarkt ▶▶ *Vecchia Pescheria.* Später verlagert sich das Nachtleben in die Beachlokale am Lungomare, z. B. das ▶▶ *Coconuts (Lungomare Tintori 5).*

AUSKUNFT
Piazzale Federico Fellini 3 | Tel. 054 15 69 02 | Fax 054 15 65 98 | www.riminiturismo.it

ZIELE IN DER UMGEBUNG
ADRIAKÜSTE   [117 E–F4–5]
Nördlich und südlich von Rimini reihen sich die Küstenorte und Strandbäder dicht aneinander. Dennoch hat jeder Ort seine besonderen Merkmale. In Richtung Marken liegt *Riccione,* ein lebhafter Mix aus schick und schrill mit *street bars,* Edelboutiquen, den ersten Designhotels und den legendären Diskotheken auf den Hügeln im Hinterland zwischen Rimini und Misano Adriatico, die der Nachtbus *Blue Line* ansteuert. *Cattolica* ist besonders familienfreundlich, ge-

MARCO POLO HIGHLIGHTS

⭐ **Brisighella**
Mittelalterliche Atmosphäre und Gaumenfreuden (Seite 74)

⭐ **Basilica della Madonna del Monte**
Votivbilder in der Wallfahrtskirche bei Cesena (Seite 73)

⭐ **La Casa delle Aie**
Das Gasthaus mit der Tenne ist eine Institution in Milano Marittima (Seite 72)

⭐ **Bibliothek**
Nur bei Tageslicht durften die Mönche in Cesenas Bibliothek arbeiten (Seite 73)

⭐ **Museo Internazionale della Ceramica**
Die umfassendste Keramiksammlung Italiens in Faenza (Seite 74)

⭐ **Tempio Malatestiano**
Renaissancearchitektur in Rimini (Seite 70)

pflegte Sommerfrische bietet der grüne Doppelbadeort *Bellaria-Igea Marina* im Norden Riminis. Das sympathische *Cesenatico* wartet mit dem *Museo Galleggiante della Marineria* auf, prachtvollen historischen Booten im 1502 von Leonardo da Vinci entworfenen Hafenkanal.

Schließlich folgt die Doppelgemeinde *Cervia-Milano Marittima,* elegant, angesagt und in der gehobenen Preisklasse. Im Südosten Cervias ist in der *Riserva Naturale delle Saline* die kleine, heute noch betriebene *Salina Camillone* zu sehen, in der Sie studieren können, wie einst Salz gewonnen wurde. Im ⭐ *La Casa delle Aie (Mi und außer So mittags geschl. | Cervia-Savio | Via Aldo Ascione 4 | Tel. 05 44 92 76 31 | €)* servieren die Mitglieder eines Kulturvereins gute, preiswerte romagnolische Spezialitäten. Auf der Tenne eines alten Gasthauses bewirten sie Hunderte Gäste.

Insider Tipp

>LOW BUDGET

▶ Der Imbiss der Romagna schlechthin ist die *piadina,* ein flacher, heißer Teigfladen mit Schinken, Frischkäse oder Nutella gefüllt. Sie kostet ab 2,50 Euro aufwärts in den Bars und in zahllosen *piadinerie,* den Imbissstuben, von Bologna bis Rimini.

▶ Generell freien Eintritt gewähren die reichen Gemäldesammlungen von Forlì.

▶ Wer einen Tag mit regulärem Eintrittsticket in einem der großen Vergnügungsparks oder Spaßbäder wie Mirabilandia, Aquafan oder Italia in Miniatura verbracht hat, darf tags darauf gratis hinein.

APENNIN [116–117 C–D4–6]

Fahren Sie über Forlì oder Cesena Richtung Süden hinauf in die reizvolle, zwischen rau und lieblich wechselnde Mittelgebirgslandschaft mit netten Bergstädtchen. Einen ersten Überblick verschaffen Sie sich vom 254 m hoch gelegenen 🌿 *Bertinoro,* auch „Balkon der Romagna" genannt. In *Sarsina* zeigt ein *Archäologiemuseum (Di–So 8.30–13.30, Juni–Sept. bis 18.30 Uhr)* die reichen Funde aus der Zeit der italisch-römischen Besiedlung der Berge. Genuss pur bietet die gemütliche *Locanda del Gambero Rosso (So-Abend, Mo und Di geschl. | Via Verdi 5 | Tel. 05 43 90 34 05 | www.locandagamberorosso.it | €€)* in *San Piero in Bagno* mit sorgfältiger Traditionsküche und vier komfortablen Zimmern. Ein Luftkurort ist *Bagno di Romagna;* zum Wandern und Mountainbiken auf 1000 m Höhe eignet sich der ausgedehnte Nationalpark *Foreste Casentinesi (www.parcoforestecasentinesi.it).* *Insider Tipp*

Von Forlì geht es durch die mit Äckern, Obstbäumen, Rebzeilen und Wäldchen überzogene Hügellandschaft ins Renaissancewehrstädchen *Terra del Sole.* Über eine Platanenallee gelangt man 1,5 km weiter in den gepflegten Thermalkurort *Castrocaro Terme.* Für einen Aufenthalt in den Bergen empfiehlt sich das rustikale Landhotel *Al Vecchio Convento (15 Zi. | Via Roma 7 | Tel. 05 43 96 70 14 | www.vecchioconvento.it | €–€€)* mit Restaurant in *Portico di Romagna.* Ein beliebtes Ausflugsziel an der Grenze zur Toskana, das man sich erwandern kann, ist der *Wasserfall von Acquacheta* bei San Benedetto in Alpe.

CESENA [117 D–E5]

Das 30 km westlich gelegene Cesena (90 000 Ew.), heute Zentrum des Obstanbaus in der Romagna, gehörte im 15. Jh. zum Einflussbereich der Familie Malatesta aus Rimini, die 1447–1452 die wunderschöne, dreischiffige ⭐ *Bibliothek (Mo–Sa 9 bis 12 und 14.30–17.30, So 10–12.30*

lung von anrührenden Votivbildern aus dem 15.–19. Jh.

GAMBETTOLA [117 E5]

Auf der Via Emilia Richtung Bologna gelangen Sie nach gut 20 km nach Gambettola, das sein Geld mit Schrott verdient und mit den berühmten *tele ruggine,* handbedruck-

Im Mai treffen sich die Drachenfans am Adriastrand in Cervia

Uhr | Piazza Buffalini | www.malatestiana.it) errichten ließ. Nur bei Tageslicht durften die Mönche in der Bibliothek sitzen und die Handschriften kopieren, Kerzenlicht war wegen der Brandgefahr verboten. Auf zwei originalen Pultreihen sind 343 kostbare, mit Miniaturmalerei geschmückte Handschriften ausgestellt.

Eine schöne Fahrt an Villen vorbei führt auf den Hügel 2,5 km südöstlich mit der ⭐ *Basilica della Madonna del Monte* mit ihrer Samm-

ter Tischwäsche, ein originelles Mitbringsel. Sie bekommen sie z. B. in der *Stamperia Bertozzi (Via Verdi 6)* beim Rathaus, wo Sie auch die Werkstatt sehen können.

FAENZA UND BRISIGHELLA [116 C4]

Nach Faenza (54 000 Ew.) an der Via Emilia 65 km nordwestlich von Rimini kommt man wegen der Keramik – seit Jahrhunderten ist das gemütliche Provinzstädtchen berühmt dafür. Überall stoßen Sie auf Läden und

Werkstätten, wo Sie staunen und kaufen können (Liste im Fremdenverkehrsamt an der *Piazza del Popolo 1*). Doch der Höhepunkt ist das ⭐ *Museo Internazionale della Ceramica (April–Okt. Di–So 9.30–19, Nov.–März Di–Do 9.30–13.30, Fr bis So 9.30–17.30 Uhr | Viale Bacca-*

Blick auf den Uhrturm des mittelalterlichen Städtchens Brisighella

rini 19 | www.micfaenza.org) mit seinem einmaligen Überblick über traditionelle und moderne Keramikkunst.

Von Faenza geht es 13 km hinauf in den Apennin ins mittelalterliche Städtchen ⭐ *Brisighella*, zauberhaft zur Pfirsichblüte im März und April. Über die Dächer ragen der 🌱 *Uhrturm* und die 🌱 *Burg* (15. Jh.) der Faenza-Fürsten Manfredi. Im Ort führt die pittoreske Bo-

gengasse *Via degli Asini* durch die alten Häuser. Brisighella ist ein Schlemmerziel wegen seines Olivenöls *(Cooperativa Agricola Brisighellese | Via Strada 2)*, wegen seiner Gelage auf den beliebten *Feste Medievali* in der ersten Julihälfte und wegen einer Reihe guter Restaurants.

Noch weiter im Apennin liegen der sympathische Thermalkurort *Riolo Terme,* in dessen Burg im Sommer moderne Skulpturenkunst gezeigt wird, sowie *Casola Valsenio,* dessen Kräutermarkt jeden Freitagabend im Juli und August Urlauberscharen von der Küste herauflockt.

FORLÌ   [117 D4]
Durch das 50 km nordwestlich gelegene Forlì (115 000 Ew.), eine römische Gründung an der Via Emilia und heute mit Zeugnissen faschistischer Monumentalarchitektur (Benito Mussolini stammte aus dem nahen Predappio), z. B. das Postgebäude, bummelt es sich nett um die zentrale *Piazza Saffi,* vorbei an Palazzi, zur *Burg* aus dem 15. Jh. und zur eindrucksvollen Abteikirche *San Mercuriale* aus dem 13. Jh. Einen Besuch lohnen die beiden Gemäldesammlungen alter wie neuer Meister – von Beato Angelico bis Giorgio De Chirico – im restaurierten Klosterkomplex *San Domenico (Di–Fr 9.30 bis 13 und 15–17.30, Sa/So 10–18 Uhr | Piazza Guido da Montefeltro 12).*

FORLIMPOPOLI   [117 D4]
Im 40 km nordwestlich gelegenen Forlimpopoli (12 000 Ew.) sind dem größten italienischen Kochbuchautor Pellegrino Artusi (1820–1911) eine Kochbuchbibliothek, eine Kochschu-

le, das empfehlenswerte Restaurant *Casa Artusi* (Di geschl. | Via Costa 31 | Tel. 05 43 74 80 49 | www.casartusi.it | €–€€) und die Schlemmerwoche *Festa Artusiana* Ende Juni gewidmet.

(Insider Tipp)

SAN MARINO ☀ [117 E5–6]
Über der Val Marecchia, 25 km südwestlich hoch oben auf dem Kalkfels Monte Titano auf der Grenze zwischen der Romagna und den Marken gelegen, hat sich die kleinste Republik der Welt seit 1100 Jahren ihre Unabhängigkeit bewahren können. Mit Dutyfreeläden, Burgen, einer historischen Waffen- und einer Ferrarisammlung sowie dem halbstündlichen Wechsel ihrer eindrucksvoll uniformierten Wachen ist sie eine Touristenattraktion. Im Marecchiatal liegt auch das als frühhistorisches Zentrum der Villanovakultur bedeutende Städtchen *Verucchio* mit einer besonders schönen Malatesta-Burg. Beim nahen *Villa Verucchio* befindet sich das stimmungsvolle Kloster *Convento di San Francesco*.

SANTARCANGELO DI ROMAGNA [117 E5]
Unter diesem Städtchen 10 km westlich auf der Kuppe des Tuffsteinhü-

gels Monte Giove verästelt sich ein faszinierendes Labyrinth aus rätselhaften Grotten (Eingang *Via Fabbri*). Die Gassen und verwunschenen Plätze verwandeln sich im Juli in eine Theaterbühne für das *Festival del Teatro*. Außerdem isst man hier gut, etwa in der stimmungsvollen *Osteria La Sangiovesa* (mittags geschl. | Piazza Balacchi 14 | Tel. 05 41 62 07 10 | www.sangiovesa.it | €€), und schläft gut im charmanten Landhotel *Il Villino* (12 Zi. | Via Ruggeri 48 | Tel. 05 41 68 59 59 | Fax 05 41 32 62 23 | www.hotelilvillino.it | €€). Im nahen *Sogliano al Rubicone* wird der extravagante, streng-würzige *Formaggio di Fossa* (Grottenkäse) hergestellt. *(Insider Tipp)*

VALLE DI CONCA [117 F5–6]
Oberhalb von Cattolica, Riccione und Rimini geht es in die sanfte Hügellandschaft Valle di Conca. Hier liegen gut erhaltene mittelalterliche Dörfer mit mächtigen Burganlagen, malerische Ausflugsziele zwischen Olivenhainen und Rebhängen, so z. B. *Saludecio* oder ☀ *Montegridolfo*, heute ein edel herausgeputzter mittelalterlicher Weiler, oder das herrlich gelegene ☀ *Montefiore Conca*.

> SIEGESZUG DER FAYENCE
Die epochale Erfindung stammt aus Faenza

Keramik wurde in Faenza schon im Mittelalter hergestellt, der Mergelton aus den Apenninhügeln eignete sich bestens. Was aber die Keramik aus Faenza überall im Europa des 16. Jhs. zu einer Mode machte, war ein hier erfundenes Glasurverfahren: Auf den Ton brannten die Keramikmeister eine milchweiße, glän-

zende Deckschicht, ideal als Untergrund für farbige Bemalungen. Der Erfolg war umwerfend, alle Höfe und Adelshäuser Europas wollten nur noch dieses elegante Milchweiß mit sparsamen farbigen Akzenten, das sich in Anlehnung an seinen Ursprungsort unter dem Namen Fayence durchsetzte.

> KUNST UND NATUR IM PODELTA

In den einstigen Sümpfen liegen die Renaissancestadt Ferrara und Ravenna mit seiner Mosaikpracht

> Tief in der sich bis zum Horizont dehnenden Poebene liegen zwei der herausragenden Kunstzentren Italiens: Die Renaissancestadt Ferrara steht gerade 9 m über dem Meeresspiegel, das frühchristlich-byzantinische Ravenna nur knapp 4 m – und Comacchio am südlichen Ende des Podeltas liegt sogar exakt auf Höhe der Wasserlinie.

Keine Hügel weit und breit: Der Po, Italiens längster Strom, und seine Nebenflüsse haben durch verheerende Überschwemmungen das Land im Lauf der Jahrhunderte flach gewaschen. Ein Netz aus Kanälen und Deichen hat die mäandernden, einst unberechenbaren Wasserläufe unter Kontrolle gebracht. Es ist eine Gegend endlos wirkender Maisfelder, riesiger Obstbaumplantagen und Pappelhaine und schließlich der faszinierenden Deltalandschaft. Allerdings gibt es natürlich längst auch Industrie.

Bild: Schleusenwerk Torre Abate im Podelta

FERRARA UND RAVENNA

FERRARA

 KARTE IN DER HINTEREN UMSCHLAGKLAPPE

[116 C1–2] Ferrara (138 000 Ew.) ist die ideale Ausflugsstadt: leicht zugänglich, überschaubar, verkehrsberuhigt, stressfrei – bis in die letzten Winkel von gewachsener Schönheit. Von einem Grüngürtel umgeben, den so gut wie intakten Wallanlagen, gruppiert sich die Stadt um eine mächtige Wasserburg.

Südlich der Burg konzentriert sich das Gassen- und Häusergewirr des mittelalterlichen Viertels mit der fein ziselierten romanisch-gotischen Kathedrale. Weiter in südöstlicher Richtung und nach Norden hin öffnen sich breite, gerade Straßen, einige flusskieselgepflastert und gesäumt von imposanten Palastfassaden aus Backstein oder Marmor, dazwischen hohe Mauern: die geniale urbane Erweiterung der Renaissancefürsten Este, die aus Ferrara eine blühende Stadt machten. Seit 1995 steht dieses Juwel auf der Unesco-Liste des Weltkulturerbes.

Erobern Sie Ferrara wie die Einheimischen per Rad! An verschiedenen Stellen können Sie Fahrräder

Altstadtgasse in Ferrara

mieten – wo, sagt Ihnen die Touristenauskunft.

■ SEHENSWERTES ■

Fragen Sie im Touristenbüro nach der Sammelkarte *Card Musei.*

CASA ROMEI/ PALAZZO DI RENATA DI FRANCIA

Sehenswertes Beispiel einer Renaissanceresidenz, die der reiche Hanf-

und Weizenhändler Giovanni Romei um 1445 errichten ließ, mit Freskendekoration und Kassettendecken *(Di bis So 8.30–19.30 Uhr | Via Savonarola 30).* Direkt gegenüber erstreckt sich die elegante Fassade aus dem 18. Jh. des schon 1475 erbauten *Palazzo di Renata di Francia.* Hierher wurde Renata, die Frau von Alfonso II. Este, nach ihrem Übertritt zum Protestantismus verbannt. Heute ist der Palazzo Sitz der Universität.

CASTELLO ESTENSE ☀

Nicolò II. Este ließ 1385 den Bau des Kastells beginnen, das heute noch effektvoll von Wassergräben umgeben ist. Mit Ercole II. wurde es von 1534 bis 1559 zum Zentrum des glänzenden Hoflebens. 1598–1859 wohnte hier der päpstliche Legat. In den letzten Jahren hochkarätig restauriert, können Säle, Loggien, Küche und Kerker nun besichtigt werden. *Di–So 9.30–17.30 Uhr*

CATTEDRALE

Im Namen des heiligen Georgs, des Schutzpatrons von Ferrara, wird seit 1259 der Palio geritten, der große historische Umzug im Mai. Die Lünette über dem schönen Hauptportal zeigt ihn, wie er den Drachen tötet. Die Kirche, 1135 geweiht, überrascht durch ihr letztlich harmonisches Gemisch unterschiedlicher Stile, eine Folge immer wieder unterbrochener Bauphasen. Die Fassade aus weißem und rosa Marmor ist unten romanisch und oben gotisch, barock der Innenraum. In der Apsis ist das „Jüngste Gericht" des Ferrareser Malers Bastianino von 1580 sehenswert *(Mo bis Sa 7.30–12 und 15–18.30, So*

7.30–12 und 15.30–17.30 Uhr). Im *Dommuseum (Di–So 9–13 und 15 bis 18 Uhr | Eingang in der Vorhalle)* sind vor allem die von Cosmè Tura bemalten Orgeltüren (1469) und zwölf allegorische Monatsdarstellungen aus der Schule Antelamis aus dem 12. Jh. zu bewundern. Eigenartig mutet die an die rechte Kirchenseite angebaute Ladenzeile *Loggia dei Merciai* aus dem 15. Jh. an, heute noch mit lauter guten Geschäften. *Piazza della Cattedrale/Piazza Trento e Trieste*

GHETTO EBRAICO

Unter dem Schutz der Este-Fürsten entwickelte sich seit dem 13. Jh. in Ferrara eine starke jüdische Gemeinde. Ihr verwinkeltes Viertel mit teilweise schönen, terrakottaverzierten Häusern (*Via Vittoria, Via Vignatagliata*) begann gleich hinter der Kathedrale mit der *Via Mazzini* und *Via Contrari,* heute zwei der beliebtesten Einkaufsstraßen. In der *Via Mazzini 95* befindet sich der Eingang zu zwei Synagogen mit einem kleinen *Museum (nur geführte Besuche So–Do 10, 11, 12 Uhr).* An der Hauswand sind die Namen der 150 in Nazilagern umgekommenen Juden aus Ferrara aufgeführt. Ein alter jüdischer Friedhof, der *Cimitero Ebraico,* findet sich östlich der *Kartause,* des sehenswerten städtischen Monumentalfriedhofs.

MUSEO ARCHEOLOGICO NAZIONALE

Nahe Comacchio existierte zwischen dem 6. und 3. Jh. v. Chr. die blühende griechisch-etruskische Stadt *Spina.* Das Museum im *Palazzo Lodovico il Moro,* einem großartigen Palast von 1500, zeigt die kostbaren Fundstücke der Ausgrabungen: Grabbeigaben, Handwerk, Kunst. *Di–So 9 bis 14 Uhr | Via XX Settembre 124*

PALAZZINA DI MARFISA D'ESTE

Nahe dem Palazzo Schifanoia: „schöner Wohnen" in der Renaissance, demonstriert durch eine Wohnung einer Este-Tochter mit ihren Möbeln, dazu ein zauberhaft als Laube ausgemalter Wintergarten. *Di–So 9–13 und 15–18 Uhr | Corso Giovecca 170*

MARCO POLO HIGHLIGHTS

★ **Via delle Volte**
Kluge Baumeister sorgten in Ferrara mit der Straße der Bögen für trockenen Warentransport (Seite 81)

★ **Palazzo dei Diamanti**
In Ferrara: Marmorsteine wie geschliffene Diamanten (Seite 80)

★ **Ausritt im Delta**
Auf Camargue-Pferden durch die Polandschaft (Seite 83)

★ **Abbazia di Pomposa**
Vor 1000 Jahren legten Benediktinermönche die Sümpfe trocken (Seite 83)

★ **Salone dei Mesi**
Fresken mit bemerkenswerten Details in Ferraras Palazzo Schifanoia (Seite 80)

★ **Mosaikkunst**
Die antik-orientalischen Bilder aus Tausenden bunter Steinchen in Ravenna (Seite 84)

PALAZZO DEI DIAMANTI ★

Der Palazzo hat eine der berühmtesten Palastfassaden Italiens: 8500 im Relief spitz zugeschnittene Marmorsteine spicken sie. Die Steine wirken wie geschliffene Diamanten – ein genialer Entwurf (ab 1493) des Hofarchitekten Biagio Rossetti für Sigismondo d'Este. Im Innern befindet sich die reiche Gemäldesammlung der *Pinacoteca Nazionale (Fr–Mi 9 bis 14, Do 9–19 Uhr)* mit dem grandiosen Festsaal *Salone d'Onore*. Außerdem finden im Palazzo hochkarätige Kunstausstellungen statt, zu denen man von weit her anreist. *Corso Ercole I. d'Este 21*

PALAZZO MASSARI

Hinter den mächtigen Mauern dieses Palasts aus dem 17./18. Jh. tut sich ein lauschiger Garten auf. Im Innern beeindruckt die Malkunst von Giovanni Boldini (Ende 19./Anfang 20. Jh.) und Filippo de Pisis (20. Jh.), beide aus Ferrara und in ganz Italien gerühmt. *Di–So 9–13 und 15–18 Uhr | Corso Porta Mare 9*

PALAZZO SCHIFANOIA

Schivar la noia heißt: „Nur keine Langeweile". Der Name des Palasts aus dem 14./15. Jh. ist Programm, auch wenn er mit seiner strengen Backsteinfassade, darin das Portal mit dem Este-Wappen, zunächst kaum wie ein unterhaltsamer Ort wirkt. Doch für Kurzweil sorgen die Fresken mit allegorischen Monatsdarstellungen voll kurioser Details im ★ *Salone dei Mesi,* um 1470 meisterlich gemalt. Man hat sie 1820

Berühmt und bewundert: die Fassade des Palazzo dei Diamanti mit ihren 8500 Reliefsteinen

unter alten Verputzschichten entdeckt. Sie sind einer der Höhepunkte
eines Ferrarabesuchs; zurzeit werden
sie nacheinander restauriert. *Di–So
9–18 Uhr | Via Scandiana 23*

VIA DELLE VOLTE ⭐

Bis zur verheerenden Überschwem-
mung 1152, bei der der Po seinen
Verlauf änderte und sich von der
Stadt entfernte, reichte der große
Fluss bis an die nördliche Altstadt
heran. Die Via Ripa Grande war die
Mole, an der die Schiffe mit ihren
Waren anlegten, die parallele Via
delle Volte (Straße der Bögen, fast
2 km lang) stellte mit ihren die Gasse
überwölbenden Übergängen die Ver-
bindung zwischen den Warenlagern
und den Wohnhäusern der Kaufleute
dar – heute laden sie ein zu einem
faszinierenden Spaziergang.

■ ESSEN & TRINKEN

IL FRANTOIO

Osteria mit guter Küche. Probieren
Sie die typischen *cappellacci* mit
Kürbisfüllung! *Mo-Mittag und So
geschl. | Via Dei Baluardi 51 | Tel.
05 32 76 16 98 | €–€€*

L'OCA GIULIVA

Einladendes Lokal mit feiner Traditi-
onsküche, erstklassige Fischgerichte
und gute Weinkarte. *Di-Mittag und
Mo geschl. | Via Boccacanale di San-
to Stefano 38 | Tel. 05 32 20 76 28 | €€*

QUEL FANTASTICO GIOVEDI

Kurios der Name („Jener phantasti-
sche Donnerstag"), einfallsreich die
sorgfältige Küche, elegant-locker das
Ambiente. *Mi geschl. | Via Castel-
nuovo 9 | Tel. 05 32 76 05 70 | €€*

■ ÜBERNACHTEN

BED & BREAKFAST

Ferrara steht für besonders viele net- *Insider Tipp*
te B-&-B-Adressen. *www.bed-and-
breakfast.it*

DE PRATI 🔊

16 geschmackvolle Zimmer in Kas-
tellnähe. *Via Padiglioni 5 | Tel.
05 32 24 19 05 | Fax 05 32 24 19 66
| www.hoteldeprati.com | €–€€*

RIPAGRANDE

Herrschaftliches Komforthotel in einem ehemaligen Renaissancepalast.
*40 Zi. | Via Ripagrande 21 | Tel.
05 32 76 52 50 | Fax 05 32 76 43 77
| www.ripagrandehotel.it | €€€*

■ AM ABEND

Der Abend beginnt mit einem Aperitif in einer der vielen *wine bars* in
Kastellnähe. Gutes Ballett- und Kon-
zertprogramm bietet das *Teatro Co-
munale (Corso Giovecca 12 | Tel.
05 32 20 26 75 | www.teatrocomuna
leferrara.it).*

■ AUSKUNFT

*Cortile Castello Estense | Tel.
05 32 20 93 70 | Fax 05 32 21 22 66
| www.ferraraterraeacqua.it*

■ ZIELE IN DER UMGEBUNG

ARGENTA [116 C2–3]

Im Osten führen alle Wege aus Ferrara hinaus ins Delta, in das die zahlreichen Arme des Pos und seiner Nebenflüsse aus dem Apennin zusam-
menfließen. Um die letzten Feucht-
bereiche und deren reiche Vogelwelt
zu bewahren und eventuell andere zu
renaturieren, hat die Region Emilia-
Romagna 600 km^2 des Deltas unter

FERRARA

Naturschutz gestellt. Bei Argenta 35 km südöstlich von Ferrara liegt die *Oasi di Val Campotto,* ein 16 km² großes Feuchtgebiet. Den unteren Teil, die *Valle Santa,* kann man auf eigene Faust erwandern (8,5 km). Fahrradverleih und Führungen durch die Oasi bietet das Besucherzentrum *Casino di Campotto (im Winter So. im Sommer Di–So | Tel. 05 32 80 80 58)* an.

Insider Tipp

BOSCO DI MESOLA   [117 D1]
Zwischen Pomposa und Mesola erstreckt sich 55 km nordöstlich von Ferrara der Bosco di Mesola – der Großforst von Mesola – bzw. das, was von dem einst riesigen Waldgebiet übrig geblieben ist, in dem die Este-Fürsten auf Jagd gingen: gut 10 km² Pinien-, Tannen- und Eichenwald, von Hirschen und Rehen bevölkert, teilweise unter strengem Naturschutz und zugänglich nur am Wo-

chenende zu Fuß oder auf dem Rad (Verleih am Nordwesteingang im Dorf *Bosco Mesola).* Unweit erhebt sich *Torre Abate,* ein Schleusenwerk aus dem 17. Jh. und Zeugnis der Wasserregulierung durch die Este-Fürsten.

In Mesola selbst (8000 Ew.), am Poarm *Po di Goro,* erhebt sich ein originelles Kastell aus dem 16. Jh., einst Jagdschloss der Este-Fürsten, heute Ausflugsziel und Sitz eines Naturkundezentrums.

COMACCHIO   [117 D2]
Auf Anhieb merkt man nicht, dass diese Wasserstadt gut 50 km östlich (22 000 Ew.) auf 13 Inselchen liegt. Eine besondere Sehenswürdigkeit ist die *Trepponti* im malerischen Zentrum, eine Wehrbrücke von 1634, die über vier sich kreuzende Kanalarme führt. Die Tradition der Aalverarbeitung – hier trafen sich einst die Aale,

Pferde in den Poauen, einer idealen Landschaft für Ausritte

wenn sie aus dem Sargassomeer zurückkamen, heute züchtet man sie – zeigt das Industriemuseum *Manifattura dei Marinati (Di–So 9.30–12.30 und 15–19 Uhr)*. Antike Funde, die die Sümpfe freigaben – darunter ein römisches Schiff –, sind im Museo del *Carico della Nave Romana (Di bis So 10–13 und 15–18.30 Uhr | Via Pescheria 2)* zu bestaunen. Eingelegten Aal und Sardinen, besten Risottoreis von den Reisfeldern von Ferrara und den herbfrischen Wein des Deltas, den *Bosco Eliceo,* können Sie in der *Bottega di Comacchio (Via Pescheria 3)* kaufen.

Im Süden Comacchios führt ein Sträßchen nach *Casone Foce* tief in die Valli hinein. Im Wasser sieht man halb versunkene *casoni,* einstige Fischereistationen. Fischerhütten, Boote und große Wiegenetze beleben das Ufer.

LIDI UND VALLI DI COMACCHIO [117 D2]

Zur Küste gehören die Lidi di Comacchio, familienfreundliche Badeorte an weiten Sandstränden, wie *Lido di Spina, Lido degli Estensi* und der Hafenort *Porto Garibaldi* sowie gen Norden zum Podelta hin *Lido di Pomposa, Lido delle Nazioni* und *Lido di Volano.* Ins Hinterland erstrecken sich die *Valli di Comacchio,* Lagunenseen mit Fischzucht. Zur Erkundung der Deltalandschaft gehören Boots- und Birdwatchingausflüge oder – etwas ganz Besonderes – ein ★ Ausritt im Delta auf den hiesigen Camarguepferden aus dem Reitstall der Ferienanlage *Hotel Club Spiaggia Romea (Via Oasi 2 | Lido delle Nazioni | Tel. 05 33 35 53 66 | www.spiaggiaromea.it).*

POMPOSA [117 D2]

50 km östlich von Ferrara liegt Pomposa; von Comacchio aus nehmen Sie die Küstenstraße durch das Naturschutzgebiet des Poarms Po di Volano. Vorbei am kleinen Bracksee Cannevie entdeckt man zur Rechten das älteste Pumpwerk *Chiavica Agrifoglio* aus dem 17. Jh. Nach ein paar Kilometern ist dann der wunderschöne, 50 m hohe Turm der ★ *Abbazia di Pomposa (tgl. 8.30–19 Uhr)* von 1063 mit seinen romanischen Bogenfenstern zu sehen, deren Anzahl von unten nach oben gleichmäßig zunimmt. Gegründet schon im 6. Jh., machten die Benediktinermönche im Zuge der Konsolidierung des Christentums die Sümpfe urbar, ein bedeutendes Kulturzentrum entstand, doch Überschwemmungen, Malaria und Versumpfung zwangen sie dazu, Pomposa im 15. Jh. aufzugeben. In der stimmungsvollen Anlage finden im Sommer Konzerte statt. Gegenüber der Abtei finden Sie ein *IAT-Büro (Tel. 05 33 71 91 10)* mit Informationen und Material zum Delta und zu Fahrradtouren und Ausritten.

TRESIGALLO [116 C2]

24 km östlich liegt auf halber Strecke Richtung Podelta Tresigallo. Zur Zeit der Trockenlegung unter dem Faschismus entstanden, stellt es ein interessantes Beispiel für die Architektur der Dreißigerjahre des 20. Jhs. dar.

RAVENNA

🗺 **KARTE IN DER HINTEREN UMSCHLAGKLAPPE**

[117 D3] Auf der Piazza del Popolo mit dem schönen, hell verputzten und mit rostroter Terrakotta verzierten Rathaus laden unter bunten Schirmen Caféstühle zur Rast ein. Die haben Besucher auch nötig, denn was sie in dieser auf den ersten Blick eher unspektakulären italienischen Provinzstadt (136 000 Ew.) in der Ebene, 10 km vom Meer entfernt, zu sehen bekommen, ist einfach überwältigend.

Es sind die Zeugnisse aus einer weit zurückliegenden Vergangenheit, als das Römische Reich in Auflösung begriffen war und neue Völker aus dem Norden einwanderten. Es war eine zerrissene Zeit, die ihre Kraft aus der neuen christlichen Religion zu schöpfen suchte. So blieben eher Gotteshäuser zurück als Paläste, alle mit einer derartig prächtigen antik-orientalisch beeinflussten Mosaikkunst ausgestattet, wie man sie selbst im Orient nur selten findet. Längst haben sie ihren Platz auf der Unesco-Liste des Weltkulturerbes.

Vor den Toren Ravennas erheben sich mächtige petrochemische Indus-trieanlagen. Der 10 km lange Kanal Candiano führt vom riesigen Containerhafen zum Meer.

■ SEHENSWERTES ■

BASILICA SAN VITALE

Der Komplex aus San Vitale, dem Mausoleum der Galla Placidia und dem Nationalmuseum ist die größte Attraktion der Stadt. Mit der Errichtung der Basilika, eines geduckten, achteckigen Backsteinbaus mit gelben Alabasterfenstern, durch die sanft schimmerndes Licht auf die goldenen Mosaiksteine im Innern fällt, wurde 526 begonnen, im Todesjahr des Gotenkönigs Theoderich. 527 bestieg der oströmische Kaiser Justinian in Konstantinopel den Thron. Sein Vertrauter, der Bankier Giuliano l'Argentario, kam nach Ravenna, brachte byzantinische Mosaikkünstler und Marmor mit und finanzierte den Weiterbau. So treffen sich hier zwei Stile, der spätrömische Realismus in den Darstellungen der

> REISEZIEL FÜRS GANZE JAHR
Die Region hat selbst im Winter ihren eigenen Charme

Das Klima in der Emilia-Romagna ist kontinental. Der Winter ist also meist recht kalt und in der Ebene zeitweilig klamm und neblig. Der Sommer kann schon ab Juni sehr heiß werden, die Hitze sich schwül stauen. Erfrischung finden Sie in den Höhen des Apennins oder durch ein Bad im Meer. Die Städte und ihre Schätze besuchen Sie am besten im Frühling, die Natur ist dann üppig grün, und die Bäume der vielen Obstplantagen stehen in Blüte. Aber die Städte haben sogar im Juli ihren Reiz, dank der vielen guten Kulturveranstaltungen in Parks und auf Plätzen. Im Herbst, oft regnerisch, aber noch mild, tauchen dann Pilze und auch Trüffeln auf den Speisekarten auf, und unter den Arkaden Bolognas und anderswo stehen die Esskastanienröster. Manch einer genießt auch die winterliche Melancholie in Rimini oder das Podelta im nebligen Dunst, wenn endlich Aalzeit ist. Der winterliche Höhepunkt ist die Skisaison auf den Zweitausendern im Apennin.

Geschichten aus dem Alten Testament im Chorteil und die eher starre Feierlichkeit von Byzanz in der Apsis. In ihr ließen sich Justinian und seine Ehefrau Theodora mit ihrem Gefolge verewigen und waren so präsent in Ravenna, der Stadt, die sie selbst nie aufgesucht haben. *Tgl. 9 bis 19 Uhr | Via San Vitale*

BATTISTERO DEGLI ARIANI
Vor der Kirche Spirito Santo steht diese kleine Taufkapelle mit ihren schönen plastischen Mosaiken 2 m unterhalb des heutigen Straßenniveaus. Beide wurden im 5. Jh. für die Anhänger des arianischen Christentums errichtet. Der arianische Glaube sah in Christus zwar das Geschöpf Gottes, erkannte ihn aber nicht als wesensgleich an. Obschon im 4. Jh. als Ketzerei angeprangert, hingen ihm Goten und Langobarden nach wie vor an, so auch Theoderich. *Tgl. 8.30–19.30 Uhr | Piazza Spirito Santo*

BATTISTERO NEONIANO
Das katholisch-orthodoxe Pendant: Links vom Dom erhebt sich der achteckige Ziegelbau, der durch seine Grundsteinlegung Ende des 4. Jhs. wohl das älteste christliche Gebäude Ravennas ist. Er ist aufwendiger als die arianische Taufkapelle, hat jedoch dieselbe Thematik, die Taufe Christi. Die wunderbaren Mosaikbilder sind ganz dem spätrömischen Stil verpflichtet und erinnern an Pompeji. Im 18. Jh. riss man die noch gut erhaltene frühchristliche Bischofskirche aus dem 5. Jh. ab, um den heutigen Dom zu errichten. *Tgl. 9–19 Uhr | Piazza Duomo*

DOMUS DEI TAPPETI DI PIETRA
Unter der Kirche Sant'Eufemia entdeckten 1994 Archäologen bei Ausgrabungen die Reste einer einst

Monumentales Puzzle: Kaiserin Theodora in der Basilika San Vitale in Ravenna

prächtig mit Mosaikintarsien geschmückten antiken Villa. *So–Fr 10 bis 18.30, Sa 10–16.30 Uhr | Via Barbiani*

MAUSOLEO DI GALLA PLACIDIA

Von der Basilika San Vitale geht man hinüber zum kleinen Backsteinhaus, der Grabkapelle von Galla Placidia, der Schwester von Kaiser Honorius. Noch zu ihren Lebzeiten ließ sie ihre Grabkapelle bauen und auf eine zauberhaft intime, stimmungsvolle Weise mit Mosaiken dekorieren, beispielsweise die blaue Kuppeldecke mit Sternen übersäen. Nicht in ihrem Sarkophag, sondern im Petersdom in Rom liegt sie begraben, wo sie 450 starb. In ihrem konfliktreichen Leben berührten sich die Extreme der Zeit: In Byzanz in eine Kaiserfamilie geboren, wurde sie in Rom die katholische Frau des Gotenkönigs Athaulf und in Ravenna von 425 bis 437 Regentin auf dem weströmischen Thron. *Tgl. 9–19 Uhr*

MAUSOLEO DI TEODORICO

Nordöstlich des Bahnhofs, jenseits der Umgehungsstraße Via delle Industrie, lag einst der Friedhof der Goten. Heute steht hier zwischen Zypressen die Grabkapelle Theoderichs. 520 ließ sie der König errichten, sechs Jahre später soll ihn sein Volk angeblich in der roten, heute leeren Porphyrwanne begraben haben. Ein Rundbau aus Steinblöcken aus Istrien, überdacht mit einem 300 t schweren, monolithischen Deckstein: Kraftvoll, aber schmucklos sollte er nach Theoderichs Wünschen eine römisch-germanische Symbiose darstellen. *Tgl. 8.30–18.30 Uhr*

MUSEO ARCIVESCOVILE

Im erzbischöflichen Gebäude beim Dom und dem Battistero Neoniano bestaunt man die Steindekorationen der frühchristlichen Bischofskirche aus dem 5. Jh., die dem heutigen Dom zum Opfer fiel. Außerdem gibt es wunderbare Mosaiken in der bischöflichen Gebetskapelle *Sant'Andrea* aus dem 6. Jh. zu sehen und die berühmte *Cattedra di Massimiliano*, einen orientalischen Bischofsstuhl aus kunstvoll zisieliertem Elfenbein. *Tgl. 9–19 Uhr | Piazza Arcivescovado*

MUSEO NAZIONALE

Bei San Vitale römische und frühchristliche Skulpturen aus Ravenna

FERRARA & RAVENNA

22 Jungfrauen und 26 Märtyrer schmücken Sant'Apollinare Nuovo

und dem römischen Hafen Classe; Höhepunkte sind die mittelalterliche Elfenbeinkunst und kostbare Stoffe. *Di–So 8.30–19.30 Uhr | Via Fiandrini*

PINACOTECA COMUNALE
In einem ehemaligen Kloster bei der Kirche Santa Maria in Porto findet man neben der reichen Bildersammlung romagnolischer Schule die ergreifende Grabskulptur des jungen Ritters *Guidarello Guidarelli* von Tullio Lombardo (1525), seit jeher Pilgerziel romantischer (weiblicher) Gemüter, sowie moderne Kunst. *Di bis Do 9–18, Fr 9–21, Sa/So 9–19 Uhr | Loggetta Lombardesca | Via Roma 13*

SANT'APOLLINARE NUOVO
Die weite dreischiffige Palastkirche Theoderichs zeigt im oberen Teil des Hauptschiffs, das auf zwei Reihen aus jeweils zwölf Marmorsäulen ruht, eine prachtvolle Mosaikdekoration, die die Wundergeschichten Christi und seine Passion erzählt. Außerdem sieht man auf der einen Seite 22 Jungfrauen, auf der gegenüberliegenden 26 Märtyrer, schließlich die stilisierte Darstellung von Classe, dem Hafen Ravennas, und vom Palast Theoderichs. Wer genau hinschaut, sieht auf einer Säule des Palasts den Rest einer Hand, die trotz der Bereinigung Justinians übrig blieb, der, als er in Ravenna die Macht übernahm, die Spuren des arianischen Theoderichs tilgen wollte. Vom wirklichen Palast Theoderichs sind nur ein paar Mosaiksteinchen übrig, die als *Palazzo di Teoderico* bezeichnete Ruine unweit der Kirche war Teil einer weiteren Kirche. *Tgl. 9–19 Uhr | Via Roma*

ESSEN & TRINKEN
CA' DE VEN
Bei Einheimischen wie Touristen beliebtes Weingasthaus in der Altstadt. *Mo geschl. | Via Corrado Ricci 24 | Tel. 054 43 01 63 | €–€€*

Insider Tipp (marginal note on "Grabskulptur des jungen")

MAMA

Nettes, lockeres Lokal mit Pasta, Pizza, Fisch und Fleisch an der Bummelmeile von Marina di Ravenna. *Im Winter Mo–Mi, im Sommer mittags geschl. | Viale delle Nazioni 46 | Tel. 05 44 53 16 02 | €–€€*

TERRAZZA EINAUDI

Auf einer eleganten Terrasse an der Piazza im *centro storico* genießen Sie feine Fisch- und Fleischküche. *Di und mittags geschl. |Piazza Einaudi 1 | Tel. 054 43 31 33 |www.terrazza einaudi.it | €€–€€€*

EINKAUFEN

Mosaiken bekommen Sie bei der *Cooperativa Mosaicisti* in der *Via Fiandrini.* Topadresse für einen Bummel in Sachen Mode ist die *Via Cavour.* Kulinarisches gibts im *Mercato Coperto* in der *Via Ponte Marino.* Auf und um die *Piazza Garibaldi* findet am dritten Wochenende jedes Monats von 9 bis 18 Uhr ein Handwerker- und Antiquitätenmarkt statt.

ÜBERNACHTEN

ALBERGO CAPPELLO

Sieben große, stilvolle Zimmer in hochherrschaftlichen Mauern aus dem 15. Jh. im Zentrum. *Via IV Novembre 41 | Tel. 05 44 21 98 13 | Fax 05 44 21 98 14 | www.albergocappel lo.it | €€–€€€*

B & B A CASA DI PAOLA

Vier sehr ansprechende Zimmer in einem Palazzo in der Altstadt, 2008 komplett renoviert. Mit Innenhofgarten. *Via Paolo Costa 31 | Tel. 054 43 94 25 | Fax 054 43 31 19 | www.acasadipaola.it | €*

VILLA SANTA MARIA IN FORIS 🔊

Neu und fein – besonders geschmackvolle Ausstattung in einem schönen Stadthaus im Zentrum. *13 Zi. | Via Pasolini 12 | Tel. 05 44 21 21 63 | Fax 05 44 21 18 05 | www.villaforis.it | €€–€€€*

AM ABEND

Die Szenegänger treffen sich von morgens bis spätabends im ▶▶ *Café Granditalia* an der zentralen Piazza del Popolo. *Duna degli Orsi, Nello Beach, Hookipa:* So heißen einige der angesagten ▶▶ Strandbäder in Marina di Ravenna mit Restaurant, Loungebar und Beachpartys. Traumhaft ist von Mitte Juni bis Mitte September die abendliche Öffnung der Basilica San Vitale und des Mausoleums Galla Placidia bei Klang-und-Licht-Spielen: Mosaico di Notte.

Insider Tipp

AUSKUNFT

Via Salara 8 | Tel. 054 43 57 55 | www.turismo.ravenna.it

ZIELE IN DER UMGEBUNG

BAGNACAVALLO [117 D3]

Nett bummelt es sich im alten Kern des 16 000-Ew.-Städtchens 16 km westlich mit ovalem Markplatz und der schönen romanischen Kirche *San Pietro in Sylvis* 1 km außerhalb. Im 7 km südlich gelegenen *Russi* lohnen die Ausgrabungen einer noch gut erhaltenen *römischen Villa (Mo–Sa 9 Uhr–Sonnenuntergang, So 14 Uhr bis Sonnenuntergang)* einen Abstecher.

CLASSE [117 E4]

8 km südöstlich von Ravenna Richtung Rimini (Superstrada 16) liegt der ehemals zu Ravenna gehörende

FERRARA & RAVENNA

Hafen Classe (lat. „Flotte"), eine römische Gründung. Außer einem *Ausgrabungsfeld (9 Uhr–1 Std. vor Sonnenuntergang)* ist vor allem die große frühchristliche Basilika *Sant'Apollinare (Mo–Sa 8.30–19.30, So 13–19.30 Uhr)* sehenswert, die Bischof Ursicino 533–556 erbauen ließ, ein paar Jahre später als San Vitale in Ravenna. Außen brauner Backstein, innen dreischiffige Weiträumigkeit mit eleganten Marmorsäulen und prachtvoller byzantinischer Marmordekoration.

KÜSTE   [117 E3–4]

Das, was vom berühmten Schirmpinienwald *Pineta di Classe* übrig geblieben ist, gehört heute zum naturgeschützten Deltapark. 3 km südlich von Sant'Apollinare in Classe führt bei Fosso Ghiaia ein ==Sträßchen== ==zum Wald== *(Insider Tipp)* und zur naturbelassenen Mündung *Bocca Boveno*. Der Küstenstreifen zwischen den Badeorten *Lido Dante* (mit FKK-Strand) und *Lido di Classe* ist gänzlich unbebaut, eine Rarität an der Adria. Die Badeorte Ravennas, alle an weiten, feinsandigen Stränden, vom ruhigen *Casal Borsetti* im Norden bis hinunter zum *Lido di Savio* kurz vor Milano Marittima, sind vornehmlich in den Siebzigerjahren entstanden, sportlich gut ausgerüstet, familien- und jugendfreundlich. Der Aufsteiger unter den Badeorten ist *Marina di Ravenna* mit neuem, großem Yachthafen, Aperitiftreffs, Fischrestaurants und Beachpartys.

Die Badeorte an der Adriaküste sind ein Dorado für Wassersportler

> LANDPARTIE
UND BERGSPAZIERGANG

Renaissancestädtchen und Pappelhaine in der Poebene,
Zeitgeschichte und Etruskerspuren auf einer Appeninwanderung

Die Touren sind auf dem hinteren Umschlag und im Reiseatlas grün markiert

1 DURCH DIE BASSA VON REGGIO NACH PARMA

Es geht in der Ebene durch Ortschaften, die im Mittelalter, vor allem aber in der Renaissance von ihren Territorialherren zu Hauptstädten winziger Kleinstaaten auserkoren wurden. Jedes dieser Städtchen bekam sein besonderes Gesicht, seine herrschaftliche Größe durch Burgen und imposante Platzanlagen. Diese Tour von ca. 170 km können Sie an einem Tag schaffen. Allerdings laden die Residenzstädtchen der Ebene dazu ein, das Auto immer wieder stehen zu lassen, um zu schlendern und in einem der guten Restaurants einzukehren. Mit mehr Muße können Sie das tun, wenn Sie eine Übernachtung einplanen.

Von Reggio Emilia *(S. 53)* aus ist das erste Ziel Correggio (20 000 Ew.), Inside Tipp schon im Mittelalter Sitz der gleichnamigen Familie, unter der sich ein kulturell höchst reger Renaissance-

Bild: Reggia di Colorno

AUSFLÜGE & TOUREN

hof entwickelte: Dichter wie Torquato Tasso, Pietro Aretino und Ludovico Ariosto waren hier oft zu Gast, der große Maler Antonio Allegri stammt von hier und wird nach seinem Heimatort genannt: Correggio. Wie eine Theaterkulisse wirken die Fassaden und Arkaden des Corso Mazzini. Residenz der Correggio war der raffinierte Renaissancepalast **Palazzo dei Principi** *(Corso Cavour)*, heute das Stadtmuseum. 11 km weiter kommen Sie in das stattliche **Carpi** *(S. 50)* mit seiner großartigen Piazza.

Zu den einstigen Kleinstaaten in der Bassa gehörte auch **Mirandola** (21 000 Ew.) mit nettem Zentrum 25 km nordöstlich von Carpi. Aus dem hiesigen Fürstengeschlecht stammte der große Humanist Pico della Mirandola (1463–1494).

Das nächste Ziel ist das Burgstädtchen **Novellara** (11 000 Ew.), 400 Jahre lang Sitz einer Nebenlinie der

Gonzaga aus Mantua. Der Ort hat eine beschauliche Piazza – Kirche, Arkaden, Cafés, Grünanlage, Kieselsteinpflaster – und eine stattliche Burg. Eine hochkarätige Gourmet-

Machtdemonstration: Skulptur des Ferrante Gonzaga in Guastalla

empfehlung im 11 km nahen **Reggiolo** mit einer mächtigen Burgruine aus Barbarossas Zeiten: *Rigoletto (So/Mo geschl. | Piazza Martiri 29 | Tel. 05 22 97 35 20 | €€€).*

Von Novellara oder Reggiolo geht es weiter nach **Guastalla** (13 000 Ew.), das schon in Ponähe liegt, ebenfalls Hof einer Gonzaga-Linie. Unter den Arkaden des *Corso Garibaldi (Nr. 34)*

bekommen Sie (allerdings nicht in den heißen Sommermonaten) in der **Osteria della Fratellanza** *(Mo geschl. | Tel. 05 22 83 51 47 | €)* die für die Region typischen gefüllten Teighütchen *cappelletti* in Brühe mit einem Schuss schaumigem Lambrusco. Eine kleine Straße führt durch Pappelplantagen an den **Lido** am Fluss, ein beliebtes Ausflugsziel zum Spazierengehen, Frittierte-Fischchen-Essen, Kanufahren; hier treffen sich auch die Wallerfischer zur Jagd auf den Riesenwels, der die Gewässer des Pos bevölkert.

Gleich nach Guastalla folgt direkt unterhalb des Podeichs **Gualtieri** (6000 Ew.) mit seiner harmonisch proportionierten Platzanlage, ein Quadrat aus zartgelben Arkadenzeilen und dem **Palazzo Bentivoglio,** benannt nach der Adelsfamilie, die die kleine Ortschaft von 1567 bis 1634 bestimmte.

Am Rand des nahen Dorfs **Boretto** (8 km) wird Max-Mara-Konfektion (ohne Etikett) der vergangenen Saison verkauft *(Diffusione Tessile, aus-* **Inside Tip** *geschildert).* Direkt am Po, am **Lido di Boretto,** starten sonntags Ausflugsschiffe.

Das Deichstädtchen **Brescello** (4500 Ew.) wurde berühmt durch die Verfilmung der Fünfzigerjahregeschichten von Giovanni Guareschi über Don Camillo und Peppone *(S. 18).* Dazu zeigt ein viel besuchtes **Museum** *(Mo bis Fr 10–12 und 14.30–18, Sa/So 9.30–12 und 14–19 Uhr | Piazza De Amicis)* Requisiten und Filmausschnitte. Das nächste Ziel von Brescello aus ist **Colorno** *(S. 39),* das „Versailles der Farnese". Von dort geht es dann nach **Parma** *(S. 31),* dem Ziel dieser Tour.

2 IN DEN PARK MONTE SOLE IM SÜDEN BOLOGNAS

Zwei Ziele lassen sich mit diesem Tagesausflug verbinden: Zunächst spüren Sie den Etruskern nach in der alten Stadt Misa bei Marzabotto. Danach unternehmen Sie eine rund dreistündige Wanderung (250 m Höhenunterschied) über die Apenninhöhen des Parco Storico Regionale di Monte Sole: eine Mischung aus Naturschutzgebiet und Gedenkort an ein Massaker, das deutsche Truppen hier im Zweiten Weltkrieg verübten.

Die Anfahrt erfolgt von Bologna aus über die A 1 Richtung Florenz mit Ausfahrt in Sasso Marconi; oder Sie nehmen die SS 64 („Porrettana"). Von Sasso Marconi geht es weiter auf der SS 64. Nach etwa 9 km stoßen Sie hinter **Marzabotto** *(S. 67)* gleich am Straßenrand auf das Ausgrabungsgebiet von **Misa**. So weit gen Norden vorgedrungen waren die Etrusker aus ihrem Kernland, der Toskana und Latium, und hatten im 5. Jh. v. Chr. hier im Renotal die Stadt Misa gegründet. Im **Ausgrabungsgelände** *(tgl. 8 Uhr bis Sonnenuntergang)* erkennt man noch die Spuren des Straßennetzes und die Grundmauern der Häuser und Tempelanlagen. Das kleine **Museo Pompeo Aria** *(Di–So 9–13 und 15–18.30, Nov. bis März 14–17.30 Uhr)* zeigt kunstvolle Grabbeigaben aus der Nekropole sowie Funde aus der keltischen und römischen Folgezeit.

Nur 2 km weiter geht es bei Pian di Venola links ab über den Fluss Reno in die Hügel nach **Poggiolo**, wo Sie parken können. Auf den Wiesen mit weiter Aussicht liegt das **Besucherzentrum des Parco Storico di Monte Sole** *(Tel. 05 16 78 71 00):* Hier kann

man essen, sich mit Wanderkarten versorgen und bei Bedarf auch übernachten. Zur Rechten befindet sich die Friedensschule **Scuola di Pace,** ein Ort der Sommercamps für Jugendliche aus Krisengebieten. Diese Gemeinschaftsinitiative der EU-Partnerregionen Emilia-Romagna und Hessen möchte ein Zeichen der Völkerverständigung setzen in dieser Naturidylle, in der Ende September 1944 Einheiten der SS und der Wehrmacht fast 800 Frauen, Kinder und alte Leute in zwei Kirchen und auf einem kleinen Friedhof als Vergeltung für Partisanenangriffe massakrierten *(www.partigiani.de).*

Auf der Wanderung von Poggiolo aus über ein Forststräßchen zum **Friedhof Casaglia** kommt man vorbei an den Ruinen der im Krieg zerstörten Häuser und Kirchen, heute Gedenk-

Mit Don Camillo und Peppone wird in der Poebene vielerorts geworben

stätten. Beim Friedhof geht es hinauf auf die **Kuppe des Monte Sole** mit wunderbarem Weitblick auf die Wiesen, die Macchiawäldchen und die Abhänge aus grauen und gelben Mergelschichten.

EIN TAG RUND UM BOLOGNA

Action pur und einmalige Erlebnisse.
Gehen Sie auf Tour mit unserem Szene-Scout

GENUSS AM MORGEN

9:00

Der Tag startet süß. Auf warmes Brot Honig oder Marmelade streichen, in Designerstühlen Platz nehmen und den dezenten Jazz- oder Soulklängen lauschen. Der ehemalige *Convento dei Fiori di Seta* beeindruckt eben nicht nur mit einem leckeren Frühstück, sondern auch mit einem modern restaurierten Gemäuer. **WO?** *Via Orfeo 34/4, Bologna | Tel. 051 27 20 39 | www.silkflowersnunnery.com*

10:00

BOLOGNA VON UNTEN

Jetzt gehts in den Untergrund der Altstadt! Ein Führer von *Le Guide d'Arte* führt zum unterirdisch verlaufenden Flussbett der Aposa und lüftet auf einer Länge von 1 km die Geheimnisse des vergrabenen Bologna. **WO?** *Start: Piazza Minghetti | Kosten: 7 Euro | Anmeldung unter Tel. 05 12 75 02 54 | www.guidedarte.com*

SPRUNGHAFT

12:30

Eine halbe Stunde von Bologna entfernt heißt es Mut zusammennehmen. Ein Fallschirmtandemsprung steht auf dem Programm. Aus 4300 m Höhe genießt man die spannendste Aussicht über die Region. Adrenalin pur! **WO?** *Molinella Airport | Kosten: 170 Euro | Reservierung unter Tel. 348 24 06 58 74 | www.flygang.com*

14:30

PICKNICK IM GRÜNEN

Von Molinella aus gehts 60 km ins emilianische Hügelland. In der restaurierten *Ca' Monti* aus dem 18. Jh. wartet die Familie Monti mit einem Lunch an der frischen Luft – Landschaftsblick inklusive. Frittierte Zucchiniblüten, frisch gebackene Brotfladen *ficattole*, quarkähnlicher *squacquerone* und selbst gebackene Kekse sind der rustikale Hit. **WO?** *Via Montemorosino 4, Località Sassoleone, Fontanelice | Reservierung unter Tel. 054 29 76 66 | www.camonti.it*

24 h

BIKETOUR

15:30

Action ist angesagt. Im *agriturismo* gibts Mountainbikes sowie eine Streckenkarte. Also nichts wie raus in die Natur, durch die Esskastanienwälder düsen bis hin zu den berühmten *calanchi* – bizarren, durch Erosion geprägten Landschaftsfurchen. **WO?** *Agriturismo Ca' Monti, Via Montemorosino 4, Località Sassoleone, Fontanelice | Anmeldung unter Tel. 054 29 76 66 | www.camonti.it*

17:30

DAS GEHEIMNIS DER PASTA

Zurück nach Bologna, wo auch im Zeitalter der Fertignudeln die Gourmet-City ihre *sfogline* verehrt. Die Pastamacherinnen formen rasend schnell Tagliatelle und Tortellini, auch „Bauchnabel der Venus" genannt. Nebenbei plaudern sie mit den Nudelliebhabern – und verraten gerne das eine oder andere Geheimnis rund um die Pasta. So bekommt man die besten Tipps zum Nachmachen für zu Hause! **WO?** *Sfogline, Via Belvedere 7 b | Tel. 051 22 05 58*

APERITIF MIT AMBIENTE

18:30

Jetzt wirds lässig – beim Aperitif in der angesagten *Nu Lounge*. Die historische Passage des Buca San Petronio füllt sich gegen Abend schnell. Zu Prosecco oder einem Gläschen Sangiovese werden Oliven und Knabbersachen serviert. Gratis dazu die Kunst an den Wänden: Die Lounge im New-York-Style zeigt wechselnde Ausstellungen. **WO?** *Via dei Musei 6 | 12–2.30 Uhr | Tel. 051 22 25 32*

20:00

CULTURA EMILIANA

Ab in den Dinnerclub *Ca' dei Mandorli!* Erst stärkt sich das Szenevolk mit einem Menü aus der Emilia-Romagna, dann gibts für Ohren und Augen ein Konzert oder Theaterstück. Und schließlich heißt es abtanzen mit Blick auf die Hügel! Der Dinnerclub hats in sich: Man chillt unter den Pergolen im Garten und schwingt die Hüften zu Rock oder Indie-Music. **WO?** *Via Idice 24, San Lazzaro di Savena | Tel. 33 57 90 20 77 | www.cademandorli.com*

> IN DIE BERGE UND ANS MEER

Auch für Sportbegeisterte ist das Angebot in der Emilia-Romagna
groß und vielfältig

> **Neue Trends in Sachen Outdoor, Fitness, Wellness und Dance kommen ganz schnell in der Emilia-Romagna an, die Adriaküste als „Kalifornien Italiens" muss ja schließich ihrem Ruf gerecht bleiben. Die anspruchsvollen Urlauber, die an die Strände kommen, möchten etwas geboten bekommen, und auch die Einheimischen sind aktive Leute.**
Die flachen, feinsandigen Strände sind ideal für Beachvolleyball und Frisbee. Und längst warten viele Strandbäder mit den aktuellsten Fit-nessgeräten auf. Zur anschließenden Entspannung lässt man sich von einem chinesischen, koreanischen oder vietnamesischen Masseur sanft durch-kneten. Die Saison eröffnet Mitte Mai mit einer Wellness- und Fitness-messe in Rimini *(www.riminiwell ness.com)*. Da werden neue Fitness-geräte vorgestellt, neue Workout-trends, neue Wellnessprogramme.

In der weiten Ebene des Pos laden die Deichsträßchen zu Radtouren ein,

Bild: Strand von Cervia

SPORT &
AKTIVITÄTEN

und das Delta lässt sich in Booten, auf dem Pferderücken und auf Birdwatchingausflügen erkunden. Kaum weniger aktiv geht es in den Apenninbergen zu. Hier kann man wunderbar wandern, klettern, mit dem Mountainbike touren; die Bergflüsse eignen sich zum Rafting und Kajakfahren, an den Bergseen kann man Kanus ausleihen, und im Winter bringen zahlreiche Lifte auf bis zu 2000 m hoch gelegene Skipisten.

FITNESS & WELLNESS

⭐ In Riccione, Rimini und Cesenatico finden Sie Strandbäder, die mit Fitnessgeräten wie Steppern und dem Spinbike besser ausgerüstet sind als manches Fitnessstudio. Dass Fitness und Wellness immer enger zusammengehören, zeigen die neuen Spas in den großen, gehobenen Hotels sowie besonders gut ausgestattete *bagni* (so heißen die italienischen Strandbadeanstalten mit Sonnenschirm- und Liegestuhlverleih), die mit allerlei Strandspaß aufwarten. Und das alljährliche Wellnessfestival *(www.riminiwellness.com)* Mitte Mai in Rimini zeigt alle neuen Fitness- und Wellnesstrends auch gleich zum Mitmachen, die Spanne reicht von Tai-Chi-Therapien bis zum Electric-dance Tecktonik.

GOLF

Golfspieler finden in der Emilia-Romagna überall schöne, gepflegte Plätze. Jede größere Stadt hat ihren Club. An der Küste gibt es attraktive Anlagen im Hinterland von Ravenna, Rimini und Cervia. In den größeren Fremdenverkehrsämtern liegt eine Broschüre mit genauen Beschreibungen und Adressen der Plätze aus. Ausführliche Infos zu den Golfplätzen auch auf Deutsch bietet die Website *www.emiliaromagnagolf.com.*

PESCATURISMO

Seit ein paar Jahren verdienen sich die Adriafischer ein Zubrot, indem sie auf ihren Fangzügen Touristen mit aufs Boot nehmen, die beim Einholen der Netze helfen dürfen. Fragen Sie in den Fremdenverkehrsämtern der Küstenorte nach *pescaturismo,* wie das die Italiener nennen. Gefischt wird ausschließlich mit traditionellen, zugelassenen Fangmethoden (Informationen u. a. auf der Website *www.pescaturismo.de*). Besonders aktiv sind die Fischer von Cesenatico.

Insider Tipp

RADFAHREN

Die Poebene ist ein Radfahrerparadies. Besonders auf den Deichstraßen, die den Flusslauf begleiten, lässt

es sich herrlich radeln. Ausgeschilderte Radtouren ziehen sich durch das Podelta und die sogenannten Valli di Comacchio. Die Fremdenverkehrsämter längs der Adriaküste oder in Ferrara geben jedes Jahr Broschüren mit Tourenvorschlägen und entsprechendem Kartenmaterial heraus. In den größeren Städten, in den Naturschutzgebieten, in den Deichdörfern von Piacenza bis zum Delta und in den Badeorten an der Küste können Sie Räder mieten. Auch viele Hotels halten Gästeräder bereit. Der Apennin eignet sich besonders gut für Mountainbiketouren, viele Routen sind erschlossen; auch hier helfen die Fremdenverkehrsämter mit Karten und Adressen von MTB-Verleihern.

REITEN

Reitställe, die Ausritte organisieren, finden Sie vor allem in den Hügeln des Apennins, längs der Adriaküste und im Hinterland. Die Fremdenverkehrsämter haben die Adressen der Reitställe, die Ausritte anbieten.

STRANDSPORT

Die weiten, flachen Strände der Adriaküste ermöglichen jede Art von Strandsport: Überall spielt man Beachvolleyball, Beach Soccer, Beachtennis; Turniere für Klein und Groß werden organisiert. Cervia mit seiner Beach Arena ist das sommerliche Zentrum einer regelrechten Olympiade der Strandsportarten, *Sportur* genannt, bei der jeder mitmachen kann. *www.sportur.com*

Inside Tip

THERMALBÄDER

In den Apenninhügeln liegen zahlreiche renommierte Thermalkurorte:

Salsomaggiore und Monticelli Terme bei Parma, Bagno di Romagna und Castrocaro Terme bei Forlì, Castel San Pietro zwischen Bologna und Imola, Porretta Terme auf dem Weg nach Florenz, schließlich die Thermalanlagen in Küstenorten wie Cervia, Rimini, Riccione. Über *www.emiliaromagnaterme.it* kann man sich eine ausführliche Broschüre zuschicken lassen.

■ WANDERN & KLETTERN

Zum Wandern eignen sich besonders gut die Flusstäler, die in den Apennin hinaufführen, und die Kämme zwischen der Emilia-Romagna und der Toskana, die alle unter Naturschutz stehen. Zahlreiche vom Italienischen Alpenverein CAI ausgezeichnete Wanderrouten durchziehen die Apenninberge im Hinterland von Parma, Reggio Emilia, Modena, Forlì. Die bedeutendste ist die *Grande Escursione Appenninica,* die über die Kämme von Westen nach Osten die gesamte Region in 25 Tagesetappen (mit Übernachtungsmöglichkeiten) durchquert. In den oberen Berggebieten, die über 2000 m Höhe erreichen, können Sie prima klettern. Unter Freeclimbern beliebt sind der Felsberg Pietra di Bismantova bei Castelnovo ne' Monti (Reggio Emilia) sowie die obere Val di Trebbia im Hinterland von Piacenza. Auskunft: *www.sportsinopenspace.com*

■ WASSERSPORT

In den Badeorten an der 130 km langen Küste gibt es alle erdenklichen Wassersportarten. Sie können sich überall Surf- und Tauchausrüstungen mieten, Segelboote, Kanus, Tretboote, Motorboote und vieles mehr. Ebenso werden allerorten Surf-, Tauch- und Segelkurse angeboten. Viele Küstenorte haben bestens ausgestattete Yachthäfen.

■ WINTERSPORT

Über 18 Skiorte zählt der obere Apennin der Emilia-Romagna, immerhin sind die höchsten Gipfel wie der Monte Cimone oder der Monte Cusna 2165 bzw. 2120 m hoch. Das beliebteste und am besten mit Pisten, Aufstiegsanlagen und einer Schlittschuhbahn ausgestattete Skigebiet finden Sie am Corno alle Scale mit dem Skiort Sestola.

Golferdevise: Das Runde muss ins Runde

> MÄRCHENPARKS UND SPASSBÄDER

In der Emilia-Romagna bietet die traditionelle Ferienindustrie auch für Kinder Tolles an

> **Obschon Italien eine der niedrigsten Geburtenraten in Europa hat, ist die traditionelle Liebe für die *bambini* ungebrochen. Kindern wird grundsätzlich sehr freundlich begegnet.**

Hotels und Pensionen sind traditionell auf Familien eingestellt, entsprechend geht man auf Kinder ein. Das gilt besonders für die Feriendörfer und Campingplätze an der Adria mit ihren Spiel- und Animationsangeboten. Und in den *bagni,* den Badeanstalten am Strand, gibts Spielgeräte, und oft werden Spiele für alle Kinder organisiert. Auch die Gemeinden veranstalten im Sommer auf Straßen und Plätzen Wettspiele, Tanz und Clownerien für die jüngeren Gäste. Für Ferien mit Kindern eignen sich auch die vielen Bauernhöfe, die unter der Bezeichnung *agriturismo* vor allem in den Apenninhügeln südlich der Via Emilia und im Hinterland der Küste zum Familienurlaub einladen.

> *www.marcopolo.de/emiliaromagna*

MIT KINDERN REISEN

Ein Clou für Kinder sind die zahlreichen Spaßbäder und Erlebnisparks. Aber auch ein Ausflug im gemieteten Boot oder auf Schiffstouren durch die Wasserläufe des Podeltas dürfte Kindern Spaß machen.

Insider Tipp

PARMA & PIACENZA

MUSEO ETTORE GUATELLI   [114–115 C–D3]

Auf der Fahrt durch das Tarotal empfiehlt sich bei Fornovo di Taro ein Besuch dieser Sammlung an Arbeits- und Haushaltsutensilien aus dem Bauernleben und dem Handwerk, dazu Spielzeug, Musikinstrumente und vieles mehr – insgesamt 60 000 Gegenstände, die zu einem Gesamtkunstwerk kombiniert sind: eine phantastische Dingwelt, für Kinder wie Erwachsene gleichermaßen reizvoll. Auf der Website erfährt man von den Events rund ums Museum: *www.museoguatelli.it. Ozzano Taro |*

So 10–12 und 15–18 Uhr | 5 Euro, Kinder bis 6 Jahre frei | Via Nazionale 130

Insider Tipp

TARZANING

Das ist etwas für sportliche, abenteuerlustige Familien: wie Tarzan sich an Lianen von Wipfel zu Wipfel schwingen, über Hängebrücken klettern, an Netzen sich hochhangeln – all das gut abgesichert, damit auch Kinder auf ihre Kosten kommen. Im Apennin von Modena, Reggio Emilia und Bologna gibt es einige dieser Tarzancamps, z. B. *Monkey's Park Adventure* ([115 E–F5] | *Juli/Aug. tgl., April–Juni und Sept./Okt. Sa/So 10 bis 19 Uhr | 15 Euro, Kinder bis 1,40 m 12 Euro)* im großen *Parco della Resistenza* in Fanano oder *Parco Avventura Cerwood* ([115 D4] | *Mitte Juni*

Aquafan: Der Name spricht für sich

bis Mitte Sept. tgl., April–Mitte Juni und Mitte Sept.–Okt. Sa/So 9.30–19 Uhr | 18 Euro, bis 1,40 m 10 Euro | *www.cerwood.it)* bei Cervarezza.

AQUAFAN IN RICCIONE   [117 F5]

Dieser Wasser-Sport-Spaß-Park in Riccione ist wohl der bekannteste Vergnügungspark an der Adria und der älteste: Auf 150 000 m^2 gibts u. a. Wasserrutschen, Wellen- und Massagebäder, künstliche Flüsse für reißende Schlauchboottouren. *Juni bis Mitte Sept. tgl. 10–18.30 und 22 bis 24 Uhr | 22 Euro, Kinder 6–11 Jahre 17 Euro | Via Pistoia | www. aquafan.it*

FIABILANDIA IN RIMINI   [117 E5]

Ein Märchenpark mit vielen Attraktionen, Animation, Wasserspielen (Badezeug!) und einem Schmetterlingshaus. *Letzte Aprilwoche–Mitte Juli und 2. Sept.-Woche tgl. 10–19, Mitte Juli–1. Aug.-Woche 10–22, 2. Aug.-Woche–1.Sept.-Woche 10–23 Uhr, Ende März–3.Aprilwoche und 3. Sept.-Woche–Okt. So 10–18 Uhr | 19 Euro, Kinder bis 120 cm 14 Euro | Via Cardano 15 | www.fiabilandia.it*

ITALIA IN MINIATURA   [117 E5]

In Viserba bei Rimini hat man Italien auf einen Blick vor sich liegen, die berühmten Bauten sind im Maßstab 1:25 und 1:50 detailgetreu nachgebaut: vom Petersdom über den Turm von Pisa und den Mailänder Dom bis zum venezianischen Canal Grande. Theateranimationen, Kirmesattraktionen, Imbiss und Pizzerien vervollständigen das Angebot. *Ende März bis Juni tgl. 9–18.30, Juli/Aug. 9–23,*

Sept. 9 Uhr–Sonnenuntergang | 18 Euro, Kinder bis 12 Jahre 13 Euro | Via Popilia 239 | www.italiainminiatura.com

OLTREMARE IN RICCIONE [117 F5]

Auf einem Gelände von 110 ha erstreckt sich vor den Toren Riminis dieser neue (teure) Themenpark: mit Nachbildungen von Dünen- und Lagunenlandschaften und einem Parcours zur Darwinschen Evolutionsgeschichte; wunderschöne Seepferdchensammlung. *Aug. tgl. 10–24, April–Juli und Sept. 10–18, Okt./ Nov. So 10–18 Uhr, | 23 Euro, Kinder (6–11 Jahre) 18 Euro, bis 5 Jahre frei | Via Berlinguer | www.parcoltremare.it*

ACQUARIO DI CATTOLICA LE NAVI [117 F5]

Am Strand von Cattolica steht dieses moderne Aquarium zum Thema Meer, u. a. mit Haifischbecken, 3000 Arten von Meeresbewohnern, 3-D-Film über das Leben im Ozean und Dinosauriernachbildungen. Das Ganze ist reizvoll untergebracht in den futuristischen, schiffsähnlichen Gemäuern eines Ferienheims aus den Dreißigerjahren des 20. Jhs. *April bis Mitte Juni und 2. Sept.-Hälfte tgl., Okt.–März So 9.30–18.30, Mitte Juni bis Mitte Sept. tgl. 10–23 Uhr | 16 Euro, Kinder ab 1 m–12 Jahre 13 Euro | Piazzale delle Nazioni 1 a | www.acquariodicattolica.it*

■ FERRARA & RAVENNA

ACQUAJOSS [116 C3]

Dieses riesige Wasserspaßbad mit phantastischen Wasserrutschen eignet sich gut als erfrischender Zwi-

schenstopp bei einer Reise durch die Emilia-Romagna. *Juni–Aug. tgl. 10 bis 19.30 Uhr | 12 Euro, So 17 Euro, Halbtagskarte und Kinder (6–16 Jahre) 8,50 Euro, So 10 Euro, bis 5 Jahre frei | Conselice | Via Nuova Selice | www.acquajoss.com*

Italia in Miniatura: Klein-Italien für Kleine

MIRABILANDIA BEI SAVIO ★ [117 E4]

Bei Ravenna erstreckt sich dieser in ganz Italien berühmte Vergnügungspark. Eine atemraubende Attraktion jagt die nächste, Stuntmänner führen halsbrecherische Actionszenen vor, Simulationen lassen andere Welten erleben, auf die Kleinen warten „Flüge" in Märchenszenarien. *April bis Juni und Sept. tgl. 10–18, Juli/ Aug. 10–23 Uhr | 26 Euro, Kinder bis 12 Jahre 20,50 Euro | SS Adriatica 16 km 162 | www.mirabilandia.it*

> VON ANREISE BIS ZOLL

Urlaub von Anfang bis Ende: die wichtigsten Adressen und Informationen für Ihre Emilia-Romagna-Reise

ANREISE

Der Flughafen von Bologna wird mehrmals täglich aus Deutschland, der Schweiz und Österreich angeflogen. Billigflüge gibt es z. B. mit Germanwings und Air Dolomiti nach Bologna, mit Ryanair nach Forlì und mit Tuifly nach Rimini.

Per Bahn gibt es zwei Hauptstrecken: über Basel, Chiasso und Mailand mit Umsteigen nach Bologna oder von München über den Brenner nach Verona und Bologna. Von hier gehts weiter nach Rimini.

Mit dem PKW gelangen Sie auf durchgehenden Autobahnen entweder durch die Schweiz über Chiasso nach Mailand und weiter nach Piacenza oder durch Österreich über den Brenner nach Modena und Bologna; die österreichischen, Schweizer und italienischen Autobahnen sind mautpflichtig. Nervenschonend und zeitsparend, aber nicht billig sind die Autozüge *(www.dbautozug.de)*, die von mehreren deutschen Großstädten nach Verona verkehren.

AUSKUNFT

STAATLICHES ITALIENISCHES FREMDENVERKEHRSAMT ENIT

– *Neue Mainzer Str. 26 | 60311 Frankfurt | Tel. 069/23 74 34 | Fax 23 28 94*

– *Kärntnerring 4 | 1010 Wien | Tel. 01/505 16 39 | Fax 505 02 48*

> WWW.MARCOPOLO.DE

Ihr Reise- und Freizeitportal im Internet!

> Aktuelle multimediale Informationen, Insider-Tipps und Angebote zu Zielen weltweit ... und für Ihre Stadt zu Hause!

> Interaktive Karten mit eingezeichneten Sehenswürdigkeiten, Hotels, Restaurants etc.

> Inspirierende Bilder, Videos, Reportagen

> Kostenloser 14-täglicher MARCO POLO Podcast: Hören Sie sich in ferne Länder und quirlige Metropolen!

> Gewinnspiele mit attraktiven Preisen

> Bewertungen, Tipps und Beiträge von Reisenden in der lebhaften MARCO POLO Community: *Jetzt mitmachen und kostenlos registrieren!*

> Praktische Services wie Routenplaner, Währungsrechner etc.

Abonnieren Sie den kostenlosen MARCO POLO Newsletter ... wir informieren Sie 14-täglich über Neuigkeiten auf marcopolo.de!

Reinklicken und wegträumen!
www.marcopolo.de

> MARCO POLO speziell für Ihr Handy! Zahlreiche Informationen aus den Reiseführern, Stadtpläne mit 100 000 eingezeichneten Zielen, Routenplaner und vieles mehr.
mobile.marcopolo.de (auf dem Handy)
www.marcopolo.de/mobile (Demo und weitere Infos auf der Website)

– *Uraniastr. 32 | 8001 Zürich | Tel. 04 34 66 40 40 | Fax 04 34 66 40 41*
– *www.enit.it*

AUTO

Höchstgeschwindigkeit in Ortschaften 50 km/h, ansonsten 90 km/h, auf Autobahnen *(autostrada)* 130 (bei Regen 110) km/h. Die Promillegrenze liegt bei 0,5. Auch tagsüber muss auf allen Straßen außerorts mit Abblendlicht gefahren werden. Bei Panne oder Unfall ist außerorts beim Verlassen des Wagens das Anlegen einer Warnweste vorgeschrieben. An den Mautstellen der Autobahnen kann man mit Kreditkarte bezahlen. Viele Straßen in den historischen Innenstädten sind für den Verkehr gesperrt. Zunehmend werden Parkplatzgebühren erhoben; an Automaten längs der Straßen zieht man einen Parkschein oder kauft ihn in Tabakläden oder an Zeitungskiosken. Die italienischen Tankstellen sind wochentags meist von 7.30 bis 12.30 und von 15 bis 19 Uhr geöffnet, ansonsten tankt man an Tankautomaten. *Fai da te* heißt Selbstbedienung. Pannenhilfe des ACI: *Tel. 80 31 16*

DIPLOMATISCHE VERTRETUNGEN

DEUTSCHES HONORARKONSULAT
– *Viale Risorgimento 7 | Bologna | Tel. 05 13 39 90 14*
– *Viale Trieste 3 e | Rimini | Tel. 054 12 77 84*

ÖSTERREICHISCHES HONORARKONSULAT
Via Ugo Bassi 13 | Bologna | Tel. 051 26 87 11

SCHWEIZER GENERALKONSULAT
Via Saragozza 12 | Bologna | Tel. 051 57 64 16

WAS KOSTET WIE VIEL?

KAFFEE	**1,20–1,50 EURO**	für einen Cappuccino am Tresen
IMBISS	**AB 2,50 EURO**	für ein Stück *piadina* oder ein *tramezzino*
WEIN	**AB 2,50 EURO**	für ein Glas am Tresen
EIS	**AB 2 EURO**	für eine große Kugel
LIEGESTUHL	**AB 8 EURO**	Miete für einen Tag
BUSFAHRT	**1 EURO**	für eine Stadtfahrt

GELD & KREDITKARTEN

Geldautomaten *(bancomat)* sind überall vorhanden. Die meisten Hotels, viele Restaurants, bessere Geschäfte und Tankstellen akzeptieren die gängigen Kreditkarten.

INTERNET

Allgemeine Italieninformationen: *www.italia-teletour.de;* ein informatives Portal zu den Städten und ihren Kunstschätzen: *www.cittadarte.emi lia-romagna.it;* sehr animierende Website zu den schönen Seiten der Emilia-Romagna: *www.original-ita lienisch.de;* das Fremdenverkehrsamt der Emilia-Romagna mit vielen nützlichen Tipps: *www.emiliaroma gnaturismo.it;* eine deutschsprachige Website zur Adriaküste der Emilia-Romagna von den Stränden von Ravenna über Rimini bis nach Cattolica: *www.adriacoast.com;* ebenfalls ein deutschsprachiges Webportal zum Adriaurlaub: *www.italienadria. info; www.2night.it:* für Nachtschwärmer, leider nur auf Italienisch.

▮ INTERNETCAFÉS & WLAN ▮▮▮

Internetcafés (2–6 Euro/Stunde) gibt es fast überall, dazu richten immer mehr Hotels, Cafés, Strandbäder und Feriendörfer WLAN-Zonen (ital.: *wifi*), entweder gratis oder über ein an der Rezeption zu erwerbendes Passwort. Die kleinen Ferienhotels und viele B-&-B-Vermieter bieten ihren Gästen wenigstens Modemanschluss oder einen Internetpoint. *Wifi*-Zonen finden sich auch in manchen Warte- bzw. Loungebereichen der Flughäfen und großen Bahnhöfe sowie an einigen Autobahnraststätten, u. a. an der Strecke Mailand–Bologna. Die Stadtverwaltungen von Bologna, Reggio Emilia, Modena und Rimini treiben den kostenlosen Netzzugang in der Innenstadt aktiv voran, in Bologna und Reggio Emilia funktioniert das bereits (Passwort im Rathaus), ebenso in manchen Stadtbibliotheken. Über Websites wie *wifi. gratis.it* und *www.jiwire.com* finden Sie die Adressen von Gratishotspots.

▮ MIETWAGEN ▮▮▮▮▮▮▮▮

Ein Kleinwagen kostet ohne Kilometerlimit pro Tag zwischen 80 und 100 Euro, Wochenendtarif ca. 120 Euro.

▮ NOTRUFE ▮▮▮▮▮▮▮▮▮▮

Polizei *(Carabinieri)112*
Notarzt, Rettungswagen *113*
Feuerwehr *(Vigili del Fuoco) 115*

WETTER IN BOLOGNA

Jan.	Feb.	März	April	Mai	Juni	Juli	Aug.	Sept.	Okt.	Nov.	Dez.
4	7	13	18	22	28	31	30	25	18	11	6

Tagestemperaturen in °C

Jan.	Feb.	März	April	Mai	Juni	Juli	Aug.	Sept.	Okt.	Nov.	Dez.
0	2	6	10	14	18	21	21	17	12	6	2

Nachttemperaturen in °C

Jan.	Feb.	März	April	Mai	Juni	Juli	Aug.	Sept.	Okt.	Nov.	Dez.
2	4	5	6	8	9	9	9	7	5	2	2

Sonnenschein Std./Tag

Jan.	Feb.	März	April	Mai	Juni	Juli	Aug.	Sept.	Okt.	Nov.	Dez.
6	6	6	6	7	5	3	3	6	8	8	7

Niederschlag Tage/Monat

PRAKTISCHE HINWEISE

ÖFFENTLICHE VERKEHRSMITTEL

Die italienische Eisenbahn *(www. ferroviedellostato.it)* ist recht preiswert. Die Städte und die Küste sind gerade in der Emilia-Romagna besonders gut untereinander verbunden, mit Bologna als Knotenpunkt. In den Regionalzügen darf man Fahrräder mitnehmen. Busse sind preiswert, und Überlandbusse verbinden die Dörfer miteinander.

ÖFFNUNGSZEITEN

Lebensmittelläden sind meist Mo bis Sa von 8.30 bis 13 und von 17 bis 19.30, sonstige Geschäfte von 9 bis 12.30 und von 15.30 bis 19.30 Uhr geöffnet, am Donnerstagnachmittag sind die Geschäfte in der Emilia-Romagna geschlossen. Kaufhäuser und Supermärkte in den Städten: Mo–Sa 8.30–20 Uhr. Küchenzeiten der Restaurants: in der Regel 12.30 bis 14.15 und 19.30–22 Uhr. Kirchen schließen in der Mittagszeit.

POST

Die Postämter *(ufficio postale)* haben normalerweise Mo bis Sa 8.15 bis 13.20 geöffnet. Briefmarken bekommt man auch in den *tabacchi*, den Tabakläden. Briefe und Postkarten in EU-Länder und die Schweiz kosten 65 Cent Porto.

TELEFON & HANDY

In Telefonzellen telefoniert man mit Karten zu 3 und 5 Euro (erhältlich in Tabakläden, perforierte Ecke abreißen!). Vorwahlen: nach Deutschland *0049*, Österreich *0043*, Schweiz *0041*, nach Italien *0039*. Innerhalb Italiens gibt es keine Vorwahlen, es

muss immer – auch aus dem Ausland – die vollständige Nummer gewählt werden. Unter *www.teltarif.de/i/rei se-itm.html* gibt es aktuelle Infos zum Handytelefonieren in Italien.

UNTERKUNFT

Zahlreiche Bauernhöfe und Landgüter bieten einfache bis luxuriöse Zimmer und Wohnungen an, häufig gibt es auch Stellplätze für Campingmobile: *www.agriturismo.emilia-roma gna.it*. Bed & Breakfast findet vor allem in den Städten zunehmende Verbreitung: *www.bbitalia.it* und *www. bed-and-breakfast-in-italy.com*. Überall in den Küstengebieten und bei touristisch interessanten Städten finden Sie Campingplätze. Infos im Internet z. B. auf *www.camping.it* und *www.camping-italy.it*. Auch an Ferienwohnungen gibt es ein reiches Angebot, Adressen haben die Fremdenverkehrsämter und Vermittlungsagenturen. In den Städten, vor allem in Bologna und Parma, treiben Messen die Preise hoch. Erkundigen Sie sich nach preiswerten Wochenendtarifen! Im Juli und August muss man in den Bergen vor allem am Meer meistens Halbpension buchen. In den meisten größeren Städten und am Meer gibt es Jugendherbergen: *www.ostellionline.org*. Preiswerte Unterkünfte findet man u. a. auch auf *www.hosteltraveler.com/italy.*

ZOLL

Innerhalb der EU dürfen Sie alle Waren für den persönlichen Verbrauch frei ein- und ausführen. Richtwerte: u. a. 800 Zigaretten, 10 l Spirituosen, 90 l Wein. Für die Schweiz gelten erheblich geringere Freimengen.

> PARLI ITALIANO?

„Sprichst du Italienisch?" Dieser Sprachführer hilft Ihnen,
die wichtigsten Wörter und Sätze auf Italienisch zu sagen

Aussprache

c, cc	vor „e, i" wie deutsches „tsch" in deutsch, Bsp.: dieci, sonst wie „k"
ch, cch	wie deutsches „k", Bsp.: pacchi, che
ci, ce	wie deutsches „tsch", Bsp.: ciao, cioccolata
g, gg	vor „e, i" wie deutsches „dsch" in Dschungel, Bsp.: gente
gl	ungefähr wie in „Familie", Bsp.: figlio
gn	wie in „Kognak", Bsp.: bagno
sc	vor „e, i" wie deutsches „sch", Bsp.: uscita
sch	wie in „Skala", Bsp.: Ischia
sci	vor „a, o, u" wie deutsches „sch", Bsp.: lasciare
z	immer stimmhaft wie „ds"

Ein Akzent steht im Italienischen nur, wenn die letzte Silbe betont wird. In den
übrigen Fällen haben wir die Betonung durch einen Punkt unter dem betonten
Vokal angegeben.

◾ AUF EINEN BLICK

Ja./Nein./Vielleicht.	Sì./No./Forse.
Bitte./Danke./Vielen Dank!	Per favore./Grazie./Tante grazie.
Gern geschehen.	Prego!/Non c'è di che!
Entschuldigen Sie!	Scusi!
Wie bitte?	Come dice?/Prego?/Come, scusi?
Guten Morgen/Tag!	Buon giorno!
Guten Abend!/Nacht!	Buona sera!/Buona notte!
Hallo!/Grüß dich!	Ciao!
Ich verstehe Sie/dich nicht.	Non La/ti capisco.
Ich spreche nur wenig Italienisch.	Parlo solo un po' di italiano.
Können Sie mir bitte helfen?	Mi può aiutare, per favore?
Wie geht es Ihnen/dir?	Come sta/stai?
Wie heißen Sie?/Wie heißt du?	Come si chiama?/Come ti chiami?
Ich heiße …	Mi chiamo …
Ich komme aus …	Sono …
… Deutschland.	… della Germania.
… Österreich.	… dell' Austria.
… der Schweiz.	… della Svizzera.
Auf Wiedersehen!/Tschüss!	Arrivederci!/Ciao!
Bis bald!/Bis morgen!	A presto!/A domani!
Hilfe!	Aiuto!
Rufen Sie bitte schnell …	Chiami subito …

> www.marcopolo.de/emiliaromagna

SPRACHFÜHRER ITALIENISCH

… einen Krankenwagen. … un'autoambulạnza.
… die Polizei. … la polizia.

UNTERWEGS

Bitte, wo ist … Scụsi, dov'è …
… der Bahnhof? … la stazione?
… der Flughafen? … l'aeroporto?
… die Haltestelle? … la fermạta?
… der Taxistand? … il posteggio di tassì?
Zum … Hotel. All'albẹrgo …
Bus/Fähre/Zug l'autobụs/il traghetto/il treno
Bitte, einen Fahrschein nach … Un biglietto per …, per favore.
Entschuldigung, Scụsi, per andạre a …?
wie komme ich nach …?
Immer geradeaus bis … Sempre diritto fịno a …
Dann links/rechts abbiegen. Poi svolti a sinistra/destra.
nah/weit vicino/lontano
Überqueren Sie … Attravẹrsi …
… die Brücke. … il ponte.
… den Platz. … la piạzza.
… die Straße. … la strạda.
Ich möchte … mieten. Vorrẹi noleggiạre …
… ein Auto … … ụna mạcchina.
… ein Fahrrad … … ụna biciclẹtta.
… ein Boot … … ụna bạrca.
offen/geschlossen apẹrto/chiụso
drücken/ziehen spịngere/tirạre
Eingang/Ausgang ingrẹsso/uscịta
Wo sind bitte die Toiletten? Dov'è il bạgno, per favore?
Damen/Herren signọre/signọri

SEHENSWERTES

Wann ist das Museum geöffnet? Quạndo è apẹrto il musẹo?
Wann beginnt die Führung? Quạndo comịncia la vịsita con la guịda?

Altstadt il cẹntro storico
Ausstellung la mọstra/l'esposiziọne
Denkmal il monumẹnto
Friedhof il cimitẹro
Galerie la gallerịa (d'ạrte)

Gottesdienst	la messa/la funzione sacra
Kirche	la chiesa
Rathaus	il municipio
Schloss/Burg	il castello
Stadtplan	la pianta della città
Stadtrundfahrt	il giro della città
Theater	il teatro
Turm	la torre

■ DATUMS- & ZEITANGABEN

Montag	lunedì
Dienstag	martedì
Mittwoch	mercoledì
Donnerstag	giovedì
Freitag	venerdì
Samstag	sabato
Sonntag	domenica
heute/morgen/gestern	oggi/domani/ieri
täglich	tutti i giorni, giornaliero
Wie viel Uhr ist es?	Che ore sono?
Es ist 3 Uhr.	Sono le tre.
Es ist halb 4.	Sono le tre e mezza.
Es ist Viertel vor 4.	Sono le quattro meno un quarto.
Es ist Viertel nach 4.	Sono le quattro e un quarto.

■ ESSEN & TRINKEN

Die Speisekarte, bitte.	Il menù, per favore.
Ich nehme …	Prendo …
Bitte ein Glas …	Per favore un bicchiere di …
Besteck	le posate
Messer/Gabel/Löffel	il coltello/la forchetta/il cucchiaio
Vorspeise/Hauptspeise	l'antipasto/il secondo
Nachspeise	il dessert, il dolce
Salz/Pfeffer/Zucker	il sale/il pepe/lo zucchero
scharf/salzig	piccante/salato
Ich bin Vegetarier/in.	Sono vegetariano/a.
Hat es geschmeckt?	Era di Suo gradimento?
Das Essen war ausgezeichnet.	(Il mangiare) era eccellente.
Trinkgeld	la mancia
Die Rechnung, bitte.	Il conto, per favore.

■ EINKAUFEN

Wo finde ich …?	Dove posso può trovare …?
Apotheke	una farmacia

Bäckerei	un panificio
Kaufhaus	un grande magazzino
Lebensmittelgeschäft	un negozio di generi alimentari
Markt	un mercato
Supermarkt	un supermercato
Zeitungshändler	un giornalaio
Gibt es …?/Haben Sie …?	C'è …?/Ha …?
Ich möchte …	Vorrei …
Eine Einkaufstüte, bitte.	Una busta, per favore.
Das gefällt mir (nicht).	(Non) mi piace.
Wie viel kostet es?	Quanto costa?
Nehmen Sie Kreditkarten?	Accetta carte di credito?

■ ÜBERNACHTEN

Ich habe ein Zimmer reserviert.	Ho prenotato una camera.
Haben Sie noch …	È libera …/Avete ancora …
… ein Einzelzimmer?	… una singola?
… ein Doppelzimmer?	… una doppia?
mit Dusche/Bad	con doccia/bagno
Was kostet das Zimmer	Quanto costa la camera
mit Frühstück?	con la prima colazione?

■ PRAKTISCHE INFORMATIONEN

Können Sie mir einen Arzt empfehlen?	Mi può consigliare un medico?
Ich habe Zahnschmerzen.	Ho mal di denti.
Ich habe hier Schmerzen.	Ho dei dolori qui.
Ich habe Fieber.	Ho la febbre.
Eine Briefmarke, bitte.	Un francobollo, per favore.
Postkarte	una cartolina
Wo ist bitte eine Bank?	Scusi, dove posso trovare una banca?
Geldautomat	il bancomat

■ ZAHLEN

1	uno	11	undici
2	due	12	dodici
3	tre	20	venti
4	quattro	21	ventuno
5	cinque	50	cinquanta
6	sei	100	cento
7	sette	200	duecento
8	otto	1000	mille
9	nove	1/2	un mezzo
10	dieci	1/4	un quarto

Piazza del Popolo in Ravenna

> UNTERWEGS IN DER EMILIA-ROMAGNA

Die Seiteneinteilung für den Reiseatlas finden Sie auf dem hinteren Umschlag dieses Reiseführers

REISE ATLAS

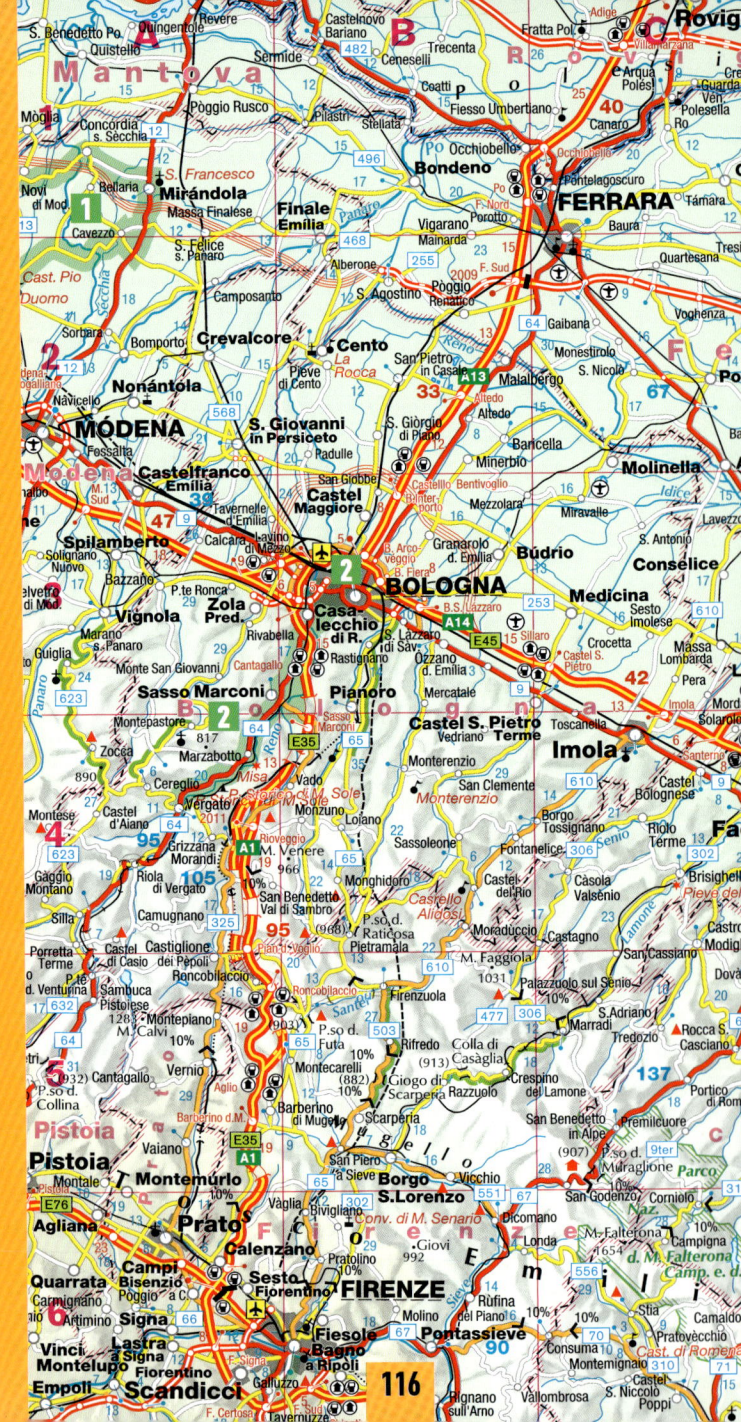

117

⊟18⊟ ⊙26⊙	Autobahn mit Anschlussstellen Motorway with junctions
═══	Autobahn in Bau Motorway under construction
▮	Mautstelle Toll station
◐	Raststätte mit Übernachtung Roadside restaurant and hotel
⊛	Raststätte Roadside restaurant
⊛	Tankstelle Filling-station
═══○═══	Autobahnähnliche Schnell- straße mit Anschlussstelle Dual carriage-way with motorway characteristics with junction
═══	Fernverkehrsstraße Trunk road
═══	Durchgangsstraße Thoroughfare
═══	Wichtige Hauptstraße Important main road
───	Hauptstraße Main road
⋯⋯	Nebenstraße Secondary road
───	Eisenbahn Railway
🚗	Autozug-Terminal Car-loading terminal
▬▬	Zahnradbahn Mountain railway
⊢○○○○⊣	Kabinenschwebebahn Aerial cableway
⋯⋯	Eisenbahnfähre Railway ferry
─🚢─	Autofähre Car ferry
┄┄	Schifffahrtslinie Shipping route
━━━	Landschaftlich besonders schöne Strecke Route with beautiful scenery
Alleenstr.	Touristenstraße Tourist route
XI-V	Wintersperre Closure in winter
××××	Straße für Kfz gesperrt Road closed to motor traffic
8% ◄	Bedeutende Steigungen Important gradients
🚐	Für Wohnwagen nicht empfehlenswert Not recommended for caravans
🚐	Für Wohnwagen gesperrt Closed for caravans

✳ *Wartenstein* ✳ *Umbalfälle*	Sehenswert: Kultur - Natur Of interest: culture - nature
∿	Badestrand Bathing beach
☼	Besonders schöner Ausblick Important panoramic view
▬	Ausflüge & Touren Excursions & tours
▭▭	Nationalpark, Naturpark National park, nature park
▦	Sperrgebiet Prohibited area
♁	Kirche Church
♁	Kloster Monastery
♟	Schloss, Burg Palace, castle
☪	Moschee Mosque
♜ ♜ ♜ ♜	Ruinen Ruins
♗	Leuchtturm Lighthouse
♙	Turm Tower
∩	Höhle Cave
∴	Ausgrabungsstätte Archaeological excavation
▲	Jugendherberge Youth hostel
⌂	Allein stehendes Hotel Isolated hotel
⌂	Berghütte Refuge
▲	Campingplatz Camping site
✈	Flughafen Airport
✈	Regionalflughafen Regional airport
✈	Flugplatz Airfield
▬▬	Staatsgrenze National boundary
▬▬	Verwaltungsgrenze Administrative boundary
⊖	Grenzkontrollstelle Check-point
⊖	Grenzkontrollstelle mit Beschränkung Check-point with restrictions
ROMA	Hauptstadt Capital
BOLOGNA	Verwaltungssitz Seat of the administration

Strand in Porto Garibaldi bei Comacchio

REGISTER

Im Register sind alle in diesem Reiseführer erwähnten Orte und Ausflugsziele verzeichnet. Halbfette Seitenzahlen verweisen auf den Haupteintrag, kursive auf ein Foto.

SCHREIBEN SIE UNS!

Liebe Leserin, lieber Leser,

wir setzen alles daran, Ihnen möglichst aktuelle Informationen mit auf die Reise zu geben. Dennoch schleichen sich manchmal Fehler ein – trotz gründlicher Recherche unserer Autoren/innen. Sie haben sicherlich Verständnis, dass der Verlag dafür keine Haftung übernehmen kann.

Wir freuen uns aber, wenn Sie uns schreiben.

Senden Sie Ihre Post an die MARCO POLO Redaktion, MAIRDUMONT, Postfach 31 51, 73751 Ostfildern, info@marcopolo.de

IMPRESSUM

Titelbild: Museo della Marineria in Cesenatico (Huber: Giovanni Simeone)

Fotos: Assesorato Turismo Cervia (U. l., 73, 89); G. Carfagna (2 r., 23, 85); B. Dürr (123); H. Eid (44/45, 55, 90/91, 96/97, 112/113); © fotolia.com: Simone van den Berg (15 o.), James Hannibal (94 M. r.); R. M. Gill (2 l., 3 l., 3 r., 5, 11, 19, 26, 28, 28/29, 37, 41, 49, 51, 70, 78, 80, 99, 103); Grand Hotel de la Ville (13 o.); HB Verlag: Spitta (U. M., U. r., 3 M., 4 l., 4 r., 21, 22, 43, 52, 61, 66, 74, 82, 87, 92, 119); Huber: Achmann (65), Gräfenhain (16/17, 32/33), Ripani (30/31, 38), Giovanni Simeone (1, 6/7, 56/57, 68/69, 76/77, 100/101); R. Irek (35, 63, 93); © iStockphoto.com: Benoit Boulianne (94 o. l.), Floortje (95 M. l.), Lise Gagne (14 o.), Joe Gough (14 M.), Hubert Grüner (95 o. l.), Terry Healy (94 M. l.), Simon Podgorsek (95 u. r.), Dane Wirtzfeld (12 u.); Jazzclub Chet Baker (14 u.); M. Kirchgessner (8/9, 24/25, 27, 46, 58); Laif: Eid (102), Zanettini (29); Mosaic School: Marco Perna (13 u.); Servizio Turismo Comune di Parma (15 u.); W. Spitta (22/23); Elke Weiler (12 o., 94 u. r., 95 M. r.)

4., aktualisierte Auflage 2009
© MAIRDUMONT GmbH & Co. KG, Ostfildern
Chefredaktion: Michaela Lienemann, Marion Zorn
Autorin: Bettina Dürr; Redaktion: Nikolai Michaelis
Programmbetreuung: Cornelia Bernhart, Jens Bey; Bildredaktion: Gabriele Forst
Szene/24h: wunder media, München; Kartografie Reiseatlas: © MAIRDUMONT, Ostfildern
Innengestaltung: Zum goldenen Hirschen, Hamburg; Titel/S. 1–3: Factor Product, München
Sprachführer: in Zusammenarbeit mit Ernst Klett Sprachen GmbH, Stuttgart, Redaktion PONS Wörterbücher

FÜR IHRE NÄCHSTE REISE

gibt es folgende MARCO POLO Titel:

DEUTSCHLAND
Allgäu
Amrum/Föhr
Bayerischer Wald
Berlin
Bodensee
Chiemgau/Berchtes-
    gadener Land
Dresden/Sächsische
    Schweiz
Düsseldorf
Eifel
Erzgebirge/Vogtland
Franken
Frankfurt
Hamburg
Harz
Heidelberg
Köln
Lausitz/Spreewald/
    Zittauer Gebirge
Leipzig
Lüneburger Heide/
    Wendland
Mark Brandenburg
Mecklenburgische
    Seenplatte
Mosel
München
Nordseeküste
    Schleswig-
    Holstein
Oberbayern
Ostfriesische Inseln
Ostfriesland/
    Nordseeküste
    Niedersachsen/
    Helgoland
Ostseeküste
    Mecklenburg-
    Vorpommern
Ostseeküste
    Schleswig-
    Holstein
Pfalz
Potsdam
Rheingau/
    Wiesbaden
Rügen/Hiddensee/
    Stralsund
Ruhrgebiet
Schwäbische Alb
Schwarzwald
Stuttgart
Sylt
Thüringen
Usedom
Weimar

ÖSTERREICH |
SCHWEIZ
Berner Oberland/
    Bern
Kärnten
Österreich
Salzburger Land

Schweiz
Tessin
Tirol
Wien
Zürich

FRANKREICH
Bretagne
Burgund
Côte d'Azur/
    Monaco
Elsass
Frankreich
Französische
    Atlantikküste
Korsika
Languedoc-
    Roussillon
Loire-Tal
Normandie
Paris
Provence

ITALIEN | MALTA
Apulien
Capri
Dolomiten
Elba/Toskanischer
    Archipel
Emilia-Romagna
Florenz
Gardasee
Golf von Neapel
Ischia
Italien
Italienische Adria
Italien Nord
Italien Süd
Kalabrien
Ligurien/
    Cinque Terre
Mailand/Lombardei
Malta/Gozo
Oberital. Seen
Piemont/Turin
Rom
Sardinien
Sizilien/
    Liparische Inseln
Südtirol
Toskana
Umbrien
Venedig
Venetien/Friaul

SPANIEN |
PORTUGAL
Algarve
Andalusien
Barcelona
Baskenland/Bilbao
Costa Blanca
Costa Brava
Costa del Sol/Granada
Fuerteventura
Gran Canaria

Ibiza/Formentera
Jakobsweg/Spanien
La Gomera/El Hierro
Lanzarote
La Palma
Lissabon
Madeira
Madrid
Mallorca
Menorca
Portugal
Sevilla
Spanien
Teneriffa

NORDEUROPA
Bornholm
Dänemark
Finnland
Island
Kopenhagen
Norwegen
Schweden
Südschweden/
    Stockholm

WESTEUROPA |
BENELUX
Amsterdam
Brüssel
Dublin
England
Flandern
Irland
Kanalinseln
London
Luxemburg
Niederlande
Niederländische
    Küste
Schottland
Südengland

OSTEUROPA
Baltikum
Budapest
Estland
Kaliningrader
    Gebiet
Lettland
Litauen/Kurische
    Nehrung
Masurische Seen
Moskau
Plattensee
Polen
Polnische Ostsee-
    küste/Danzig
Prag
Riesengebirge
Russland
Slowakei
St. Petersburg
Tschechien
Ungarn
Warschau

SÜDOSTEUROPA
Bulgarien
Bulgarische
    Schwarzmeerküste
Kroatische Küste/
    Dalmatien
Kroatische Küste/
    Istrien/Kvarner
Montenegro
Rumänien
Slowenien

GRIECHENLAND |
TÜRKEI | ZYPERN
Athen
Chalkidiki
Griechenland
    Festland
Griechische
    Inseln/Ägäis
Istanbul
Korfu
Kos
Kreta
Peloponnes
Rhodos
Samos
Santorin
Türkei
Türkische Südküste
Türkische Westküste
Zakinthos
Zypern

NORDAMERIKA
Alaska
Chicago und
    die Großen Seen
Florida
Hawaii
Kalifornien
Kanada
Kanada Ost
Kanada West
Las Vegas
Los Angeles
New York
San Francisco
USA
USA Neuengland/
    Long Island
USA Ost
USA Südstaaten/
    New Orleans
USA Südwest
USA West
Washington D.C.

MITTEL- UND
SÜDAMERIKA
Argentinien
Brasilien
Chile
Costa Rica
Dominikanische
    Republik

Jamaika
Karibik/
    Große Antillen
Karibik/
    Kleine Antillen
Kuba
Mexiko
Peru/Bolivien
Venezuela
Yucatán

AFRIKA |
VORDERER
ORIENT
Ägypten
Djerba/
    Südtunesien
Dubai/Vereinigte
    Arabische Emirate
Israel
Jerusalem
Jordanien
Kapstadt/
    Wine Lands/
    Garden Route
Kenia
Marokko
Namibia
Qatar/Bahrain/
    Kuwait
Rotes Meer/Sinai
Südafrika
Tunesien

ASIEN
Bali/Lombok
Bangkok
China
Hongkong/
    Macau
Indien
Japan
Ko Samui/
    Ko Phangan
Malaysia
Nepal
Peking
Philippinen
Phuket
Rajasthan
Shanghai
Singapur
Sri Lanka
Thailand
Tokio
Vietnam

INDISCHER
OZEAN |
PAZIFIK
Australien
Malediven
Mauritius
Neuseeland
Seychellen
Südsee

> UNSERE AUTORIN
MARCO POLO Insiderin Bettina Dürr im Interview

Bettina Dürr pendelt seit über zwei Jahrzehnten zwischen Bologna und Düsseldorf und hat mehrere MARCO POLO Reiseführer geschrieben.

Wieso leben Sie in der Emilia-Romagna?

Ich bin in den Achtzigern mit einem Stipendium nach Bologna gekommen, um hier italienische Geschichte zu studieren. In der Zeit habe ich meinen Lebensgefährten kennengelernt, einen echten Emilianer aus Reggio Emilia.

Was reizt Sie an der Emilia-Romagna?

Das ist eine Region von hoher Lebensqualität und mit einem Potenzial, das die Italienreisenden noch lange nicht ausgeschöpft haben. Man darf sich nicht vom ersten Eindruck täuschen lassen, von der dunstigen Ebene mit ihren eintönigen Feldern und Industriegebieten. Die Städte haben alle ein sehr lebendiges Kulturleben, und mit dem Apennin, den Flussufern des Pos und der langen Meeresküste gibt es zudem jede Menge Natur und vielfältige Sportmöglichkeiten. Die Emilia-Romagna ist wie eine Zwiebel: Wer sie zu häuten versteht, entdeckt immer neue interessante Seiten.

Und was gefällt Ihnen nicht so?

Die Verkehrsprobleme: labyrinthische Streckenführung in und außerhalb der Städte, verwirrende Beschilderung, Parkplatznot trotz des Fahrradkults im Alltag, in den Außenbezirken der Städte und auf dem Land längs der stark befahrenen Straßen kaum Radwege. Bologna gehört zu den Städten Italiens mit den höchsten Smogwerten!

Wo und wie leben Sie genau?

Bei meinen Italienaufenthalten ist Bologna mein Standort, dort steht mir eine kleine Wohnung zur Verfügung.

Wovon leben Sie?

Ich schreibe Reiseführer, organisiere individuelle Reisen für kleine Gruppen, habe an Publikationen zur italienischen Küche mitgearbeitet, und ab und zu übersetze ich Kinderbücher ins Deutsche.

Kommen Sie viel in der Region herum?

Oh ja, ich fahre immer mal ans Meer nach Marina di Ravenna zum Segeln, oder ich begleite Gäste nach Parma, Modena, Ferrara, Ravenna, an den Po und zu Ausflügen in die Apennintäler.

Und die Küche in der Emilia-Romagna?

Ich liebe die *tigelle,* kleine, runde, heiße Teigfladen mit einer Paste aus Schweineschmalz, Knoblauch, Rosmarin – ideal nach einer Wanderung. Oder in Schmalz ausgebackene Teigfladen, *gnocco fritto* oder *torta fritta* genannt, und dazu all die guten Schinkensorten der Emilia, in Balsamessig eingelegte Zwiebelchen und ein Glas violetter, moussierender Lambrusco – eine köstliche Kombination!

> BLOSS NICHT!

Ein paar Hinweise, die unangenehmen Erlebnissen vorbeugen können

Dieben Gelegenheit bieten

In Touristenzentren und großen Städten sollten Sie grundsätzlich vor Taschendieben auf der Hut sein. Besondere Vorsicht ist an abgelegenen Stränden, an Bahnhöfen und in öffentlichen Verkehrsmitteln geboten. Beim Stadtbummel tragen Sie Handtasche und Fotoapparat auf der zur Häuserwand gerichteten Seite, nie zur Straßenseite. Das geparkte Auto sollte leer sein (Radio herausnehmen!), und wenns nicht anders geht, verstauen Sie sämtliches Gepäck im abgeschlossenen Kofferraum.

Rauchen

In Italien ist das Rauchen in allen öffentlichen Lokalen verboten: in Ämtern sowieso, aber auch in Zügen, Hotels, Wartesälen, Bars, Kneipen und Restaurants. Das Verbot wird ziemlich streng eingehalten. Draußen vor der Tür hat manch aufmerksamer Restaurantbesitzer ein Rauchereckchen eingerichtet. Große Lokale, die über mehrere Räume verfügen, dürfen einen Raum für Raucher reservieren.

Parkplatzprobleme unterschätzen

Die Altstadtkerne der Städte sind alle verkehrsberuhigt, Parkplätze sind Mangelware – folgen Sie den Hinweisen nach ausgeschilderten Parkplätzen am Rand des *centro storico!* Nur zu den Hotels darf man durchfahren: Ihr Hotel wird Ihr Auto bei der Verkehrspolizei melden. Bolognas Zentrum ist Z. T. L. *(zona traffico limitato)* – Sie dürfen nur bis zum Hotel, oder Sie stellen Ihr Auto gleich in der Parkgarage unter der Piazza 8 Agosto ab (Zufahrt Via Irnerio).

Einfach Platz nehmen

Wenn Sie ein Restaurant oder eine Pizzeria betreten, sollten Sie nicht einfach auf einen Tisch zusteuern. Der Kellner oder der Wirt weist Ihnen einen Tisch an, wobei Sie natürlich äußern können, wo Sie am liebsten sitzen möchten.

Getrennt bezahlen

In Italien ist es vollkommen unüblich, in Restaurants, Pizzerien, Cafés getrennt zu bezahlen, darauf lässt sich kaum ein Kellner ein. Man bezahlt eine Gesamtrechnung und teilt sie dann zu gleichen Teilen untereinander auf, egal wie viel der Einzelne konsumiert hat. Das gilt umso mehr, wenn man mit Italienern in der Gruppe ausgeht.

Ohne Mückenschutz

Seit ein paar Jahren wird Italien von einer in diesen Breiten neuen Mückenart gequält, der *zanzara tigre* (Tigermücke), die auch tagsüber und sogar in den Städten ihr Unwesen treibt. Stadtverwaltungen, Campingplätze und Restaurants bekämpfen sie, doch auch Sie selbst sollten im Sommer immer ein Mückenschutzmittel und für den Campingplatz ein Moskitonetz dabeihaben.